Manfred Vesely

Vom Urknall bis zum Ruhestand

Manfred Vesely

Vom Urknall
bis zum Ruhestand

Naturwissenschaftliche Spitzfindigkeiten
meiner SchülerInnen in Anekdoten

© 2014 Manfred Vesely

Lektorat:	Mag. Dagmar Höfferer–Brunthaler
	Mag. Gerlinde Rennison
Umschlag:	Raphael Strasser
Technische Begleitung:	DI Klemens Vesely

Bibliografische Information der Deutschen Nationalbibliothek:
Die Deutsche Nationalbibliothek verzeichnet diese Publikation in der
Deutschen Nationalbibliografie; detaillierte bibliografische Daten sind im
Internet über www.dnb.de abrufbar.

Herstellung und Verlag: BoD – Books on Demand,
Norderstedt

ISBN: 978-3-7322-9423-7

Inhalt

Vom Urknall - ein Vorwort 11
Glückszettel 14
Cool Runnings 16
Du 18
Ach, was muss man oft von bösen
Buben hören oder lesen   (Wilhelm Busch) 21
Komisches Chemisches oder chemische Komik 23
Ein Schlüsselerlebnis 25
Amöboide Wiener Lyrik 26
Bist du dicht oder Dichter 28
Flosch 30
Gregor Mendels Arbeit 32
Rosen ohne Dornen 34
Fabelwesen 35
Wie sie mich schätzten 37
Traumberuf 39
Mein erster Schultag 41
Tierrätsel 43
Punktesieg für Lamarck 45
Wie bekommen wir Babys? 48
Und die Bibel hat doch recht 51
Metamorphose 53
Ging – Gong 57
Ich esse, ergo sum 60
Fahrenheit 35 63
I'm a walrus 65
Magie 68
Binca botanica 71
Das menschliche Walverhalten 73
Super 75
Spiegelungen 77
Quizmaster 79

Kindermund	82
Engel zielen richtig	85
Ich liebe es, verstanden zu werden	88
Gewissensfrage	90
In Liliput	93
Man kann nicht alles wissen	95
Nichts als heiße Luft	97
Physische Präsenz	99
Doppelconference	101
Das kann ins Auge gehen	103
Wissen ist Macht	106
Nur Geduld	108
Rehabilitation	112
Telefonisches	114
Damit kann man nicht rechnen	115
Logik	117
Horrorszenarien	118
Sehr geehrter Herr Professor	120
Du dickes Tal	122
Die Welt ist eine Bühne	125
Muss man rotieren?	131
Rechtschreibung	135
Beziehungsdrama	138
Wo ist der Witz?	140
Trau, schau, wem	142
Unsere Landessäure	144
Wo ist das All?	146
Fast richtig	148
In den Himmel wachsen	152
Pensionsstress	157

*Es muss das Herz bei jedem Lebensrufe
bereit zum Abschied sein und Neubeginne*

Hermann Hesse

Vom Urknall - ein Vorwort

Auf meinem Weg zur Schule traf ich einen ehemaligen Schüler. Wir freuten uns, einander nach vielen Jahren wieder zu sehen. Nach einigen belanglosen Höflichkeiten fragte er mich, ob ich immer noch am GRG 21 in der Franklinstraße 21 unterrichten würde. Als ich bejahte, wollte er wissen, ob es nicht langweilig sei, immer das Gleiche zu tun. »Nein«, antwortete ich, »ganz und gar nicht. Ich unterrichte ja keine Gegenstände, sondern Schülerinnen und Schüler. Der Unterrichtsstoff ist doch nur Anlass, um mit ihnen ins Gespräch zu kommen.« Ich kam in Fahrt. Wie konnte man meinen Beruf so verkennen. Auch von der fachlichen Seite besehen war er spannend. Mit meinen SchülerInnen konnte ich im wahrsten Sinne des Wortes über Gott und die Welt sprechen. Vom Urknall bis zur Intelligenz des Menschen reichte das Spektrum der Themen, von der Schwerkraft bis zur Halbleitertechnik, vom Wasserstoff bis zur DNA. In meinen Fächern explodierte die Menge des Wissens regelrecht. In der Biologie ging es um das Leben selbst und um Fragen des Überlebens. Wie konnte das nicht spannend sein? Und kann jemand, der von Physik und Chemie nichts weiß, ein funktionierendes Weltbild haben? Wohl kaum. Ich verteidigte mein Tun meinem Exschüler gegenüber zehn Minuten lang, so lange dauerte nämlich die Fahrt von meinem Wohnort nach Wien Floridsdorf. Dann verabschiedete ich mich und stieg aus. Er blieb im Zug, als Schaffner zwischen Stockerau und Wien Meidling.

Ich verbrachte mein ganzes Berufsleben an dieser Schule und mir wurde nie langweilig. Die SchülerInnen, Direktoren, Eltern und KollegInnen sorgten für Spannung in meinem Leben. Die Reihung entspricht dem Grad ihrer diesbezüglichen Wirkung auf mich. Den Einfluss diverser BildungspolitikerInnen konnte ich ausblenden.

Wenn ich heute, da ich schon einige Zeit im Ruhestand bin, auf meine aktive Zeit als Lehrer und Kollege zurück denke, entstehen hauptsächlich bunte Bilder in freundlichen Farben vor meinem geistigen Auge. Die vielen schlechten Erlebnisse, die mir natürlich auch nicht erspart blieben, habe ich umgewandelt. Sie wurden in die aktualisierte Version meines Betriebssystems eingebaut. Darum werden sie in diesem Buch nicht ausdrücklich erwähnt. Wovon ich aber schreibe, sind die zahllosen netten oder sogar freundschaftlichen Begebenheiten zwischen den Schülerinnen und Schülern und mir. Ich bedanke mich bei ihnen für fast 38 Jahre, in denen sie neben meiner Familie Mittelpunkt meines Lebens waren.

Wo soll ich also beginnen? Mit dem Anfang werden Sie sagen. Aber wo wollen wir diesen Anfang festsetzen, oder gibt es einen naturgegebenen? Einigen wir uns auf den Urknall, den Big Bang, wie die These von der Entstehung der materiellen Welt spaßeshalber genannt wurde, um sie zu verspotten. Nun habe ich in meiner Tätigkeit als Prüfer mehr als eine unmögliche These hören oder lesen dürfen, bei der sich der Spaß eigentlich hätte aufhören müssen. Er hat sich aber nicht aufgehört, weil ich immer einen Notizblock dabei hatte, um Merkenswertes zu notieren. Diese bisherigen Anekdoten breite ich hier vor Ihnen aus. Das Wort Anekdote kommt vom griechischen anekdotos und bedeutet ›noch nicht herausgegeben‹. Was ich also tatsächlich vor Ihnen ausbreite sind meine Erinnerung, meine Zitatensammlung und einige Geschichten, die ich daraus gemacht habe.

Im Unterricht wollte ich mit den SchülerInnen den Anfang des materiellen Alls besprechen. Da ich meinte, vierzehnjährige Gymnasiasten müssten doch schon einiges über den Urknall wissen, fragte ich sie danach. Aber alle blickten nur ruhig in Erwartung der Dinge, die da kommen mochten. Genau so würde ich den Beginn vom Beginn pantomimisch darstellen, nichts als gespannte Ruhe und stille Vorfreude. Auf meine zweite

Aufforderung hin, doch etwas über den Begriff Urknall zu sagen, meldete sich endlich Bernhard mit den Worten: »Meine Schwester hat einen Urknall!«

Glückszettel

Haben Sie in der Schule jemals geschwindelt? Ehrlich! Nun, ich würde mich bei einer diesbezüglichen Befragung der Antwort entschlagen. Erstens, weil man der Jugend immer nur ein gutes Vorbild geben soll, und zweitens, weil ich nicht so gerne darüber spreche. Dabei habe ich mich immer sehr gut auf Schularbeiten vorbereitet. Da ist einmal die richtige Wahl der Kleidung zu erwähnen. So eine schriftliche Arbeit ist ja etwas Bedeutendes. Am liebsten trug ich ein Sakko mit sage und schreibe vierzehn Taschen, das für so ein bedeutendes Ereignis die nötige Eleganz hatte. Dann schrieb ich die wichtigsten Fakten, von denen ich annahm, dass sie mir wegen der zu erwartenden Nervosität bei der Schularbeit nicht einfallen würden, auf einen kleinen Zettel. Natürlich übte ich auch. So ein kleiner Zettel ist ja nicht wirklich handlich. Da muss man schon üben. An diesem Punkt der Vorbereitungen meldete sich regelmäßig mein Gewissen, das schlechte, wie die meisten Menschen sagen würden. Ich halte das Gewissen aber für etwas Gutes. Es meldete sich also regelmäßig mein gutes Gewissen, mit dem Ergebnis, dass ich die Sache mit dem kleinen Zettel verwarf. Er war zu unhandlich. Ich schrieb einen kleineren. Dieses Spiel zwischen dem gewissen Zettel und meinem guten Gewissen setzte sich fort, bis der Zettel gewissermaßen schwand, also kleiner wurde. Der Name Schwindelzettel mag davon kommen. Das oftmalige Wiederholen der vom Versinken ins Vergessen zu rettenden Fakten hatte einen bemerkenswerten Effekt. Nach einigen Durchgängen konnte ich den Zettel schon auswendig erstellen. Die Fabrikation von Schwindelzetteln ist den Schülerinnen und Schülern daher dringend anzuraten.

Als Lehrer wusste ich also um den Wert dieser Lernhilfen, wurde aber dennoch von ihren Einsatzmöglichkeiten überrascht. Und das kam so:

Eine 4. Klasse sollte einen Chemietest schreiben. Die Schülerinnen und Schüler tröpfelten in den Saal, setzten sich auf ihre Plätze und legten ihre Sachen zurecht, Kugelschreiber, Bleistift, Radiergummi, Lineal, was man eben so brauchen könnte. Eine Schülerin, nennen wir sie Sabrina, schließlich hieß sie so, legte mit einer Selbstverständlichkeit, die mich erstaunte, einen Zettel im A4-Format vor sich hin, der, was ich selbst auf große Distanz sehen konnte, voll beschrieben war mit Formeln. »Sabrina«, sagte ich, »ich glaub, dir geht's nicht gut.« Ich ging zu ihr hin und nahm den Zettel an mich, was sie protestieren ließ: »Den Zettel dürfen Sie mir nicht wegnehmen. Das ist mein Glückszettel!« Ich betrachtete das Papier genau und bemerkte, dass unzählige Formeln darauf standen, allerdings keine chemischen. Es waren ausschließlich mathematische. Da sagte sie wieder: »Den Zettel dürfen Sie mir nicht wegnehmen. Das ist mein Glückszettel. Der hat mir bei der Mathematikschularbeit Glück gebracht!« Das konnte ich glauben.

Cool Runnings

Woran denken Sie, wenn Sie Jamaika hören? An Sonne, Sand und Meer, Mädchen, Reggae und Rum? Typisch! Ich denke an Usain Bolt, Yohan Blake und Shelly-Ann Fraser-Pryce. Das sind die schnellsten Sprinter der Welt. So stelle ich mir Jamaikaner und -innen vor, jung und sehr, sehr gut zu Fuß. Manche heißen sogar Bob und Harry und sind cool und running.

Ich denke aber auch an Theresa. Sie war auch jung und aus Jamaika. Genauer gesagt war sie fast 10, und ich war ihr Klassenvorstand. Aber ich war es, der rannte. Ich rannte wochenlang ihren Dokumenten nach, die ich hätte einsehen müssen. Sie hatte kein Einsehen. Sprinterqualitäten waren hier nicht gefragt. Ich war der Marathon Man, sie dafür cool. Wenn ich zu ihr sagte: »Theresa, komm bitte zu mir an die Tafel«, durfte ich für die nächsten zehn Minuten nichts geplant haben. Sie tanzte Hüften schwingend durch die Bankreihen, fuhr diesem durch die Haare, spielte mit jener Give-me-Five und trudelte irgendwann bei mir ein. Ein fröhliches Kind, lichter Nougat, aber ohne jeden Sinn für österreichischen Bürokratismus. Das Einsehen der wichtigsten Dokumente zog sich mit der lieben Theresa in die Länge. Hier ein Auszug aus meinem Gedächtnisprotokoll:

»Theresa, du musst mir deinen Meldezettel bringen.«
»*Ist gut.*«
Am nächsten Tag: »Theresa, zeig mir bitte deinen Meldezettel.«
»*Ach ja, morgen. OK?*«
Tags darauf: »Theresa, wo ist dein Meldezettel?«
»*Ich habe keinen Meldezettel.*«
»Sicher hast du einen Meldezettel. Frag deine Eltern.«
»*Ist gut.*«
Nächste Stunde: »*Was ist ein Meldezettel?*«

»Das ist ein Zettel, auf dem dein Name und die Adresse steht, an der du gemeldet bist.«
»Wozu brauche ich einen Meldezettel?«
»Damit kannst du mir zeigen, wo du wohnst.«
»Komm mit mir nach Hause, ich zeig dir, wo ich wohne!«

Du

Waren Sie mit Ihren LehrerInnen per Du? Ich nicht. Gar kein Gedanke. Meine Volksschullehrerin habe ich zwar als liebe Frau in Erinnerung. Sie war dennoch eine Respektsperson, zu der eine gewisse Distanz angebracht erschien, auch für meine Eltern. Ich kann mich nicht erinnern, dass über sie zu Hause jemals despektierlich gesprochen wurde. Auch hätte ich ihre Entscheidungen nie in Zweifel gezogen.

Waren Sie mit Ihren Eltern per Du? Ja? So selbstverständlich ist das nicht. Ich kenne genügend Leute, die ihre Eltern noch ehrfürchtig mit Sie angesprochen haben.

In vielen Volksschulen ist es heute üblich, dass die SchülerInnen die LehrerInnen duzen. Das schafft möglicherweise Nähe und fördert vielleicht die persönliche Beziehung, ich weiß nicht.

Als junger Lehrer, in den 1970ern, wurde ich selbstverständlich von den Erstklasslern gesiezt. Da gab es keine Diskussion. In letzter Zeit schlich sich aber das Du in die Klassenzimmer, nicht zur Freude aller ProfessorInnen.

Klassenvorstand einer ersten Klasse zu werden, ist vermutlich wie ein blind date. Ich hatte noch nie eins, darum das Wort vermutlich. Meine neu übernommenen Schützlinge, von denen hier die Rede sein wird, waren von einmaligem Wesen. Zum Glück, muss man sagen. Sie hatten mich nämlich bald so weit, Sisyphus zu beneiden. Dieser musste nur einen Stein bewegen. Meine Schutzbefohlenen schienen aus einer seltsamen Kautschukmasse zu bestehen, nicht auf Dauer formbar, aber zäh.

Gleich zu Schulbeginn wies ich sie auf den Umstand hin, dass die LehrerInnen dieser Schule mit Sie angesprochen werden wollten und wenn möglich mit Frau oder Herr Professor. Ich hatte Verständnis für die Kleinen, für sie war ja alles so neu. In jeder Stunde kam eine andere Lehrperson in die Klasse und jede hatte ihren speziellen Modus. Aber alle wollten das Sie hören. Und alle Kinder sagten Du, ausnahmslos. Und ich hätte so gerne ein Indiz für Lernfähigkeit meiner Lieben gefunden. Es wurde Oktober, es wurde November und die Lehrer wurden weiterhin fröhlich geduzt. Da riss mir der Geduldsfaden. Ich bat meine Kinder um Aufmerksamkeit, sprach langsam und deutlich zu ihnen: »Eure Lehrerinnen und Lehrer wollen von euch mit Sie angesprochen werde! Habt ihr das verstanden?« – »Du auch?«, hörte ich jemanden fragen.

Wenn etwas schief geht, suche ich den Fehler zuerst bei mir selbst. Vielleicht hatten sie nicht verstanden, dass ich auch ein Lehrer war. Ich hatte mich bei ihnen ja als Klassenvorstand vorgestellt, als Kontaktperson in allen Lebenslagen. Und nun bestand ich unwirsch auf mehr Distanz.

Ich gab nicht auf. Sisyphus kam mir wieder in den Sinn. Sie werden sich fragen, warum Lehrer so hartnäckig sein können. Sie bekommen ja keine Erfolgsprämie. Nun, mir ist das auch ein Rätsel. Um meinen kleinen Lieblingen zu helfen, hatte ich die Klasse, in der ich bisher Klassenvorstand war, gebeten, Partnerklasse meiner neuen zu sein. Als sich einige SchülerInnen dieser Fünften vorstellten, fiel ihnen auf, dass mich die Erstklassler duzten. Eine von ihnen schrieb daraufhin »Lehrer bitte mit SIE ansprechen« an die Tafel, worauf ab diesem Moment die FünftklasslerInnen gesiezt wurden, ich aber weiterhin das vertraute Du hörte.

In den Parallelklassen dürfte es nicht viel anders gelaufen sein. Als ich nämlich kurz nach diesem Vorfall durch Floridsdorf ging, hörte ich in der Ferne ein Rufen: »Frau Professor, Frau Professor!« Oh je, dachte ich, da wird eine arme Kollegin gejagt. Das Rufen kam näher, zwei Erstklasslerinnen, deren Biologielehrer ich war, stellten mich und fragten noch ganz außer Atem: »Frau Professor, warum bleiben Sie denn nicht stehen?«

Wie sich herausstellte, ist auch einer Kollegin, nämlich der Klassenvorsteherin der Hetzjägerinnen, der Kragen geplatzt.

Sie übte mit ihren SchülerInnen die Anrede, die sie so vermisste: »Frau Professor, Frau Professor, Frau Professor«, musste die Klasse im Chor üben. Und jetzt hatten sie's kapiert.

An dieser Stelle möchte ich Ihnen nochmals versichern, dass alle von mir geschilderten Vorkommnisse wahr sind. Meine Erinnerung spielt mir keinen Streich, da ich mir immer sofort nach dem Erleben einer skurrilen Geschichte Notizen machte.

Ach, was muss man oft von bösen Buben hören oder lesen (Wilhelm Busch)

Wieder einmal hatte ich einen Erstklassler aus meiner (einmaligen) Klasse beim verbotenen Fangen Spielen auf dem Gang erwischt. Auf unseren Gängen war Laufen streng verboten. Ich erinnerte ihn daran, ich weiß nicht zum wievielten Mal, dass in der Nachbarklasse Kinder mit einer körperlichen Behinderung waren, auf die man besonders Rücksicht nehmen sollte. Ein Zusammenstoß mit einem laufenden Kind hätte ihre Gesundheit gefährden können. Er hörte sich meine Worte fröhlich an, gab mir einen Klaps auf die Schulter und rief: »Sie sind's!«

Frech, nicht? Gut, er hatte Sie gesagt. Aber sonst war sein Verhalten frech. Sie haben schon bemerkt, dass ich gerne in Etymologischen Wörterbüchern blättere. Vrech heißt auf Mittelhochdeutsch mutig, kühn, tapfer, auf Althochdeutsch ungezähmt. Ich sage, Thomas war unverschämt. Er hatte keine Hemmung, darum tat er all das, was er tat.

Noch schützte ihn das Kindchenschema. Er war lieb, das heißt sein Kopf war überdimensioniert. Er war herzig, also adipös. Kolleginnen fuhren besonders auf ihn ab. Aber schon bald würde ihn das Längenwachstum aus seiner Schutzzone drängen. Seine Klassenkameradinnen, die sich auch nicht immer gut benahmen, würde es nicht so hart treffen. Als junge Damen würden wir, die Lehrer, sie erst recht instinktiv schützen. Stöckelschuhe, Kleidung, Frisur und Schminke würden uns schon reinlegen. Wenn aber ein Bub mit 13 ist, wie er sein muss, wenn er auf Konfrontationskurs mit Vater und Co. geht, gilt er als schlimm. Wenn ein Mädchen ihrer Natur folgt, bekommt sie gute Schulnoten.

Die Galerie der bösen Buben war in dieser speziellen Klasse lang: In einer Klassenvorstandsstunde, so etwas hat uns die Schule gegönnt, zeigte Kristoff auf und sagte: »Darf ich mich vom Aleksej wegsetzen, der ist so ein Schwein. Schauen Sie sich den Dreck auf seinem Tisch an.« Ich trat näher und fragte Aleksej, woher der viele Mist auf seinem Platz käme. Er sagte, der müsse in der Religionsstunde, in der er als Adventist nicht gehe, hingelegt worden sein. Auf meine Frage an Kristoff, was er als Sitznachbar dazu zu sagen hätte, erklärte dieser: »Es kann schon sein, dass ich diesen Dreck dorthin gelegt habe.«

Aleksej war aber auch kein Waserl. Eines Tages warf er die Füllfeder von Tom in den Mistkübel und verteidigte sein Verhalten, nachdem diese sich am nächsten Tag im entleerten Mistkübel nicht mehr fand: »Tom ist selber schuld, dass er jetzt keine Feder mehr hat. Er hat ja gesehen, wo sie hinfliegt!«

Oder was sagen Sie zum trockenen Humor des kleinen Florian? Als er sich nach einer wilden Rauferei rechtfertigen sollte, hörte sich das so an: »Ich wollte ihn nur trösten, da hat er mich in den Schwitzkasten genommen. Jetzt ist er beim Arzt!«

Komisches Chemisches oder chemische Komik

»Meine Schwiegermutter hatte Durst, da empfahl ich ihr Dihydrogenmonoxid zu trinken.« Sollten Sie über diesen Witz nicht lachen können, haben Sie mein vollstes Verständnis. Sollten Sie aber darüber lachen können, werden Sie von niemandem verstanden, dann sind Sie nämlich Chemikerin oder Chemiker. Zu Ihrer Information: Dihydrogenmonoxid ist farblos, geruchlos, geschmacklos und tötet jedes Jahr Tausende Menschen. Die meisten Todesfälle treten durch unbeabsichtigtes Inhalieren auf. Diesen bei Zimmertemperatur flüssigen Stoff seiner Schwiegermutter anzubieten halten Chemiker für witzig, Chemikerinnen nicht, sie könnten ja selbst eine Schwiegermutter sein beziehungsweise lieber etwas anderes trinken.

Ich vermute, Chemiesäle müssen etwas Heiterkeitseinschränkendes an sich haben. Wie ist es sonst zu erklären, dass ich im Biologieunterricht laufend witzige Situationen erlebte, im Physikunterricht oft, in Chemie exakt 2,5 mal. Zwei Anekdoten werde ich Ihnen erzählen. Sie werden lachen. Die halbwitzige oder halbe witzige Situation erzähle ich Ihnen auch, das geht schnell vorbei. Sie werden nicht lachen: Ein Schüler bezeichnete KNO_3 als Kaliumnitogeniumozon, ein anderer als Kalziumnatroxid.

Aber jetzt werden Sie schmunzeln: Wenn man Traubenzucker, der ja ausschließlich aus Kohlenstoff, Wasserstoff und Sauerstoff besteht, mit Schwefelsäure vermengt, entzieht die sehr hygroskopische Säure dem Zucker Wasserstoff und Sauerstoff. Zurück bleibt nur Kohlenstoff. Im Schauversuch ist das sehr beeindruckend, weil sich das weiße Pulver im Nu schwarz färbt, heiß wird und bedrohlich zischend und stinkend als Schaum aus dem Reagenzglas quillt. Nachdem die Schülerinnen und Schüler die Demonstration dieser Reaktion gebührend bestaunt hatten, fragte ich eine Schülerin: »Warum erginge es dir auch nicht besser, solltest du einen Finger in Schwefelsäure tauchen?« Sie antwortete: »Weil ich so süß bin!«

Übrigens, Dihydrogenmonoxid nennt man auch Wasser.

Vielleicht finden Nichtchemiker und –innen auch Folgendes komisch: Stundenwiederholungen ließ ich gerne schriftlich machen. Ich stellte mündlich Fragen und die Schülerinnen und Schüler schrieben ihre Antworten auf Zettel, die ich dann absammelte. Die richtige Antwort auf eine bestimmte Frage wäre H gewesen, das ist das Symbol für Wasserstoff. Ein vermutlich ganz unwissender Schüler ließ seinen Blick zum Zettel seines Sitznachbarn schweifen, um dessen Antwort unkritisch zu übernehmen. Wie ich im Nachhinein herausfand, stand auf diesem Zettel als Antwort ein nicht gut leserliches H O H, für Wasser. Der leider total uninformierte Protagonist dieser Geschichte schrieb in gestochen scharfer Schrift M O M. Seitdem verwende ich das Kunstwort MOM als Synonym für kaum zu überbietenden Unsinn.

Ein Schlüsselerlebnis

Was tun, wenn du mit einem Schwarm von Zehnjährigen gesegnet bist, der mehrheitlich deinen Unterricht für interessant und lustig hält, in dem aber einige Spaßvögel sind, die ihren Schnabel aufreißen, wann immer es ihnen beliebt? Disziplinieren! Was sonst? Als ich mich wieder einmal in treuer Erfüllung des Stundenplans auf den Weg zu besagter Klasse machte, nahm ich mir vor, ihr heute den Weg von der Spaß- zur Leistungsgesellschaft zu zeigen. Mein Plan war, die kleinste Disziplinlosigkeit sofort abzustellen. Wie Zeus wollte ich Blitze schleudern, treffsicher und gerecht. Doch als die Biologiestunde ihren Lauf nahm, konnte ich kaum glauben, was ich erlebte: Lämmchen saßen vor mir, reinweiß, zuvorkommend in ihrem Benehmen, sachdienlich in ihren Wortmeldungen, freundlich lächelnd bei allen von mir gesetzten Aktionen. Ihr Verhalten gab mir Rätsel auf. Ich war jedoch froh, es mit einer geläuterten, einsichtigen, lieben Klasse zu tun zu haben. Als der Gong das Ende der Schulstunde anzeigte, verabschiedete ich mich von meiner Musterklasse und wollte den Raum verlassen. Obwohl ich die Schnalle der Klassentüre nach unten gedrückt hatte, gab die Türe nicht nach. Ich krachte geradezu in sie hinein. »Wer hat uns denn eingesperrt?«, fragte ich ganz verwirrt. Eines meiner Lämmchen hob schüchtern die Hand und sagte: »Das waren Sie, als Sie hereingekommen sind!«

Amöboide Wiener Lyrik

In einer Biologiestunde einer 2. Klasse sprachen wir über Amöben. Das sind einzellige Lebewesen, die keine feste Körperform haben. Sie bewegen sich durch Veränderung der Zellform fort. Beim Fressen umfließen sie organisches Material und nehmen es in ihren Körper auf. Ich erzählte den Schülerinnen und Schülern, dass unsere Weißen Blutkörperchen den Amöben in diesen Belangen ähnlich sind. Auch sie haben eine wandelbare Form und sind erstaunlicherweise, obwohl sie Zellen unseres Körpers sind, frei beweglich. Wegen ihrer Ähnlichkeit mit Amöben bezeichnet man ihre Lebensweise als amöboid. Ich wies die Kinder auf die Endung –oid hin, welche die Bedeutung von ›ähnlich wie‹ hat und vom griechischen eidos, dem Wort für Gestalt, kommt. Ich fragte, ob ihnen nicht ein anderes Wort mit -oid bekannt wäre und hoffte, dass jemand Geoid oder Ellipsoid sagen würde. Florentin kannte das Wort »Oida«.

Ich kannte das Wort auch, nämlich von einem Gespräch, das ich erstens zwischen zwei Halbwüchsigen und zweitens zwischen Floridsdorf und dem Praterstern in der S1 mithören durfte. Das Gespräch lautete:

»Oida!« – »Oasch!« – »Oasch, Oida!« – »Oida, Oasch!«

In der Station Praterstern musste ich umsteigen und hatte in der U1 Richtung Favoriten, in den Tiefen Wiens, genügend Zeit die gehörte Wortfolge zu bewerten. Was Sie nicht wissen können, in mir schlägt das Herz eines Lyrikers. Und an lyrische Dichtung musste ich beim Hören dieser rhythmischen Sprachspiegelung denken. Für mich ist moderne Lyrik mehr als Poesie. Denken sie nur an:

     Stockerau   Floridsdorf
     Stockerau   Floridsdorf
     Stockerau   Stockerau

Floridsdorf   Floridsdorf
Stockerau

Lyrik geht über Stockerau hinaus! Das nicht Ausgesprochene als Wirkgedanke, der Verzicht auf den Reim, symbolisch für das dichterische Versagen (was muss sich der Dichter nicht alles versagen), macht Lyrik aus. Obwohl sich kaum ein Wort besser auf Floridsdorf reimt als Floridsdorf oder Stockerau auf Stockerau.

Das Kunstwort Oida, um zu unserem Beispiel zurückzukommen, als verstärkenden Kontrapunkt einzusetzen, fand ich wegweisend, wegweisend nicht weg weisend im Sinne von abstoßend. Die Diskutanten stritten nicht etwa, das war am Tonfall zu hören, Oida bekräftigte eindeutig das Oasch. Po-esie wie sie im Gedichtband steht. Im ersten Teil der Zwiesprache projizierten die Künstler, jeweils mit einem einzigen Wort, ihre gefühlte Innerlichkeit auf den nicht ausgesprochenen Wirkgedanken des wienerischsten aller Wiener Worte, dem ›Leiwand‹. Wo Wiener in Dichtestpackung beisammen sind, und sei es in einer Schnellbahn, ist es leiwand.

Im zweiten Teil dieser Leinwandprojektion, in dem beide Worte, also beide codierte Dichteschwankungen des Äthers, offenbar zum Zweck der Wirkungssteigerung direkt hintereinander in die Atmosphäre gesetzt wurden, wandelte sich das Hören dieser Kotwörter in Verstehen, in amöb-oida-les Kunstverstehen.

Im Inneren einer Schnellbahngarnitur der Simmering-Graz-Pauker AG, zwischen dem Floridsdorfer Festland und der Donauinsel schwebend, einer imaginär-metropolischen Kunstinstallation, einer spontanen, verbalen Leiwandperversion dieser Qualität beizuwohnen, kann dir nur in Wien passieren. Des gibt's halt nur in Wean, Oida.

Bist du dicht oder Dichter

Wenn ein erwachsener Mann in einer Publikation einen Käfer als Vogel bezeichnete, müsste er im Wiener Raum mit der Frage rechnen, ob er ganz dicht sei. Wilhelm Busch wurde das, soviel ich weiß, nicht gefragt. Er war Dichter und vor allem kein Wiener. »Jeder weiß, was so ein Mai- / käfer für ein Vogel sei«, lautet seine Behauptung, die ich als studierter Biologe als taxonomische Ungenauigkeit bezeichne und nicht so einfach hinnehme, wie manche Leute, die gegen besseres Wissen sogar Walfisch sagen. Es stellt sich doch erst einmal die Frage, warum manche Dichter reimen, wo es doch mühsam ist ein passendes Wort zu suchen, das sich in das Versmaß findet und das darüber hinaus noch Sinn gibt. Bei meinen Recherchen stieß ich auf einen Landsmann von Busch oder genau genommen auf zwei. Aber bevor wir uns diesen zuwenden, will ich Ihnen durch ein Beispiel ein Lichtlein anzünden: »Rosen, Tulpen, Nelken, / alle drei verwelken. / Stein und Eisen bricht, / aber meine Liebe nicht.« Poeten halten diese Verse für steinerweichend satanisch. Warum aber liebt das Volk solche Verse? Warum können sie sogar Kinder aufsagen? Und warum ist sogar ihr Inhalt glaubhafter als einer, der prosaisch daherkommt? Machen wir eine Probe. Stellen Sie sich vor, Sie knieten vor Ihrer Angebeteten, das ist jetzt mehr ein Exempel für Männer, und sagten mit bedeutungsschwangerer Stimme: »Früher oder später gehen Würgfeigen ein und Beton bröckelt. Darum bin ich dir verfallen.« – Die Frage »Bist du ganz dicht?«, wäre für die Angesungene eine durchaus angemessene Antwort. Die beiden Deutschen, von denen ich berichten will, heißen Hans Clarin und Pumuckl. Der Erstgenannte gab dem Zweiten in einer Fernsehsendung, die dessen Namen trägt, seine Stimme. Und als Pumuckl sang Hans Clarin: »Ene mene ma, / was sich reimt, ist wahr!« Können Sie das als kritische Leser glauben? Wir sind uns doch sicher darüber einig, dass in der Zeile »Ene mene ma« die Informationsdichte nicht sehr hoch ist. Und für sich allein genommen, ist die Behauptung »was sich reimt, ist wahr« absoluter Stuss. Dieser Reim gefällt aber nicht nur Kindern. Warum? Weil er gesungen wird? Möglich. Das ist aber nicht alles.

In unserem Nervensystem gibt es viele Suchmaschinen. Die laufen den ganzen Tag, ohne dass wir es merken. In der Retina des Auges suchen tausende vorprogrammierte Zellgruppen ganz bestimmte, optische Erscheinungen, wie zum Beispiel dunkle Punkte auf hellem Grund oder Helligkeitsgrenzen, die von links unten nach rechts ober verlaufen. Diese Suchmaschinen in der Netzhaut heißen Rezeptive Felder. Sie entlasten das Gehirn und auch den Sehnerv. Im Bereich des Hörens gibt es Vergleichbares. Unser Gehirn soll aber an irgendwelchen Merkmalen entscheiden, ob eine neu erscheinende Information wahr ist. Wie soll das gehen? Unser Gehirn hat keine Chance. Es kann höchstens prüfen, ob der neue Inhalt zu einem schon bekannten passt, ob er stimmig ist. Wenn ja, neigen wir dazu ihn ›für wahr‹ zu nehmen. »Was sich reimt, ist wahr«, passt wegen des Gleichklangs der Worte und der Harmonie in der Melodie zum vorher gebotenen und daher schon bekannten »ene mene ma«. Unsere Wahrnehmung nimmt es darum als wahr an.

Könnten Sie sich jetzt einen Reim auf den Reim machen, wäre das ein Gedicht.

Flosch

In unseren Klassen gab es viele Kinder und Jugendliche, die nicht Deutsch als Muttersprache hatten. In einer Unterstufenklasse, die aus 24 jungen Leuten bestand, zählte ich einmal sogar 12 verschiedene Sprachen, darunter ziemlich exotische. Auch wenn Deutsch in den meisten Fällen sehr schnell und gut erlernt wurde, blieb doch ein charmanter Rest der Erstsprache bestehen. Einige aus Ostasien stammende Mitglieder unserer Schulgemeinde hatten lange mit der R – L Verwechslung zu kämpfen. Je nachdem, ob in ihrer Muttersprache R als Laut vorkam oder nicht, lernten sie das bisher ungehörte R schnell oder langsam. Hören muss man lernen. Und nur was man hören kann, kann man auch aussprechen.

Fällt Ihnen auf, wie ich das mir überaus lästige Schülerinnen-und-Schüler-Gesage zu vermeiden versuche? Gendergerechtes Sprechen, Schreiben und Lesen kostet viel Zeit. Und so eine Unterrichtsstunde ist kurz. Ich schlug einmal meinen Schülerinnen und Schülern vor, sie nur mehr mit »lieb Schül« anzusprechen, die Kennzeichen des Wortgeschlechtes also wegzulassen. Hätte sich das durchgesetzt, wüssten Sie davon. Es hat sich aber nicht durchgesetzt. Vermutlich weil die Österreicherinnen und Österreicher noch nicht reif dafür waren. Die Österreicherinnen sind ja erst dabei, den Triumph des Binnen-I-s auszukosten. Mich reizte es immer »liebe SchülerInnen und außen« zu sagen und bis heute frage ich mich, ob man das Binnen-I überhaupt sprechen kann oder soll.

In Multikultiklassen war es interessant und manchmal richtig nett zu beobachten, wie ›uns Schül‹ einander beim Deutschlernen halfen. Als die Kursteilnehmerinnen und Kursteilnehmer im Wahlpflichtfach Biologie einen Test schrieben, steckte ein junger Mann aus Vietnam, der sich Leo nennen ließ, weil er seinen Lehrerinnen und Lehrern nicht zutraute, seinen wahren

Namen richtig auszusprechen, verbotenerweise seinen Kopf zu seinem Sitznachbarn und sprach leise mit ihm. Dafür erntete er von mir einen strafenden Blick. »Ich habe ihn nul geflagt«, rechtfertigt er sich, »wie man Flosch schleibt«. Die Klasse antwortete im Chor: »Mit L!«

Gregor Mendels Arbeit

Das ist eine Floridsdorfer Geschichte. Sie handelt von einem Floridsdorfer Buben, der in einem Gymnasium in Sichtweite des Floridsdorfer Bahnhofs einen Biologietest zu schreiben hatte. Die Fragen bezogen sich zum Großteil auf Gregor Mendel und die von ihm hauptsächlich an Erbsen entdeckten Vererbungsregeln. Im Unterricht war selbstverständlich auch vom Menschen Gregor Mendel die Rede, der eigentlich auf den Namen Johann getauft war und erst als Augustiner in der Abtei St. Thomas in Alt-Brünn den Namen Gregor annahm. Für einen Floridsdorfer leicht zu merken, wurde doch der Bezirk nach einem Probst des Augustiner Chorherrenstifts Klosterneuburg, Floridus Leeb, benannt. Floridsdorf, der liebens- und lebenswerte Wiener Gemeindebezirk, in dem die Schule steht, in der ich mein ganzes Berufsleben verbracht habe, liegt zum Unterschied von den meisten Wiener Bezirken an der Alten Donau, an der Neuen Donau und am Donaustrom. Hier spannte sich schon im Jahr 1500 die erste Brücke über die Donau. Das weiß jedes Floridsdorfer Volksschulkind. Hier gabelt sich am so genannten Spitz die Floridsdorfer Hauptstraße in die Pragerstraße und die Brünnerstraße auf, die, wie der Name schon sagt, nach Brünn, der Stadt Gregor Mendels, führt. Dorthin konnte man schon zu Zeiten Mendels mit einmaligem Umsteigen über die seit 1837 bestehende Nordbahnstrecke gelangen. Floridsdorfer wären sicher mit der Bahn gereist, für die sie eine gewisse Schwäche zeigen. Das kommt vermutlich davon, dass ab 1869 eine Lokomotivfabrik im Bezirk angesiedelt war und viele Arbeiter hier lebten. 1958 wurde diese Fabrik mit der Simmering–Graz–Pauker AG fusioniert. Eine Lokomotivgasse gibt es noch heute. Und eine Straßenbrücke, die über die Nordwestbahnstrecke führt, wird wegen ihrer Wölbung Eisenbahnerberg genannt.

Stellen Sie sich nun von, Sie wären 14 Jahre alt, männlich, Floridsdorfer der Vorbildung, Tradition und Heimatverbundenheit nach, sitzen bei einem Biologietest und lesen die Frage: Was war Gregor Mendel von Beruf? Und sie hätten keine Ahnung. Es gelänge Ihnen aber einen Sitznachbarn zu fragen und hörten daraufhin die stimmlos geflüsterte Antwort: »Augustiner!« Und Sie hätten keine Ahnung, was das ist. Würden Sie nicht auch, nach allem was Sie jetzt über Floridsdorf, Brünn und Mendel gelernt haben, ›Eisenbahner‹ schreiben?

Dabei hätte ich noch ganz andere Fragen stellen können. Zum Beispiel: Wie hieß Gregor Mendel? Oder: Wie hieß die Erbse vor Gregor Mendel?

Rosen ohne Dornen

Einmal wollte ich meinen Schülerinnen und Schülern den Unterschied zwischen Dornen und Stacheln erklären. Ich betrat ein Blumengeschäft, um dafür als Anschauungsobjekt eine Rose zu kaufen; eine Rose ohne Dornen, denn Rosen haben, im Unterschied zur Volksmeinung, niemals Dornen. Sie haben Stacheln. Das sind spitze Vorsprünge an Blattachsen oder Blättern, die aus oberflächlichen Geweben wachsen, die man deshalb leicht abbrechen kann. Dornen hingegen sind umgebildete Organe. Die Dornen der Kakteen entstanden beispielsweise aus Blättern. Ich suchte nach einer Rose mit ganz besonders großen Stacheln. Das war schwierig, da die angebotenen Rosen kleine oder winzige hatten. Wegen des für meine Zwecke mangelhaften Angebots konnte ich mich lange nicht entscheiden. Eine ältere Verkäuferin beobachtete mich aufmerksam; zuerst stumm. Aber beim Einpacken des stachelbewehrten Lehrmittels, für das ich mich letztlich entschieden hatte, konnte sie nicht mehr länger an sich halten und sagte: »Aber eines muss ich Ihnen schon sagen, lieber Herr, die Frauen, die das verdienen, bemerken das gar nicht!«

Fabelwesen

Wenn ich mit meinen ehemaligen Schulkameraden beisammen sitze und wir einander Geschichten von unseren alten Lehrern erzählen, den Herren über unser Wohlbefinden und über unsere Freizeit, tun wir dies in einer Weise, wie man über Fabelwesen spricht. Da ist von gestrengen Professoren die Rede, vor denen Cerberus den Schwanz eingezogen hätte, aber auch von durch und durch guten, deren Wesen uns nach Jahrzehnten verklärt erscheint, mit geheimen Kräften ausgestattet, wie sie das sagenhafte Einhorn besitzt. Als Lehrer hat man solche Kräfte ja schon längst als durchaus weltlich enttarnt. So wie das Elfenbein des Einhorns ja auch als linker oberer Eckzahn des Monodon monoceras, also des Narwals, erkannt und damit entmystifiziert wurde. Obwohl die Funktion dieses Zahnes schon bemerkenswert ist. Wussten Sie, dass die meist männlichen Träger dieses geschraubten Zahnes mit ihm den Druck und die chemische Zusammensetzung des Wassers messen können? So finden sie sich im Wasser der Arktis zurecht wie Rudolph the Rednosed Reindeer in den Lüften darüber.

Kinder lieben Fabeltiere mit geheimnisvollen Körpern.

Im Lehrkörper unserer Schule hatte ich einen Kollegen, der nicht nur Rudolf hieß, sondern auch Einhorn. Seine mythologischen Kräfte waren die der Mathematik. Das erzähle ich Ihnen nur, damit Sie die folgende Begebenheit verstehen.

In einer ersten Klasse besprachen wir das menschliche Gebiss und wollten ausrechnen, wie viele Zähne ein Erwachsener im Idealfall im Mund hat. Zwei Schneidezähne in jedem Viertel des Gebisses, einen Eckzahn und so weiter. Die Schüler addierten, multiplizierten, ja, sie zählten die Zähne, kamen aber zu lauter verschiedenen Ergebnissen. Und alle waren falsch. Da sagte ich zu ihnen: »Ich glaube, ihr habt gar kein biologisches Problem, ihr habt ein mathematisches. Wen habt ihr denn in

Mathematik?« Daraufhin antwortete ein Schüler: »Unser Mathematikprofessor sagt, er heißt Einhorn, aber wie er wirklich heißt, wissen wir nicht!«

Wie sie mich schätzten

Das erste Indiz war, dass mir ein ungefähr zwölfjähriges Mädchen in der Straßenbahn einen Sitzplatz anbot. Ich war damals achtundzwanzig und nahm es mit Humor. Als ich fünfzig war, meinte ein Schüler, der mich auf dem Fahrrad sah: »Eigentlich sind sie eh noch rüstig.« Ich kenne diese Gedankengänge. Als Schüler hatte ich nämlich einen Lehrer, der dreiundvierzig Jahre alt war. Mitleidig betrachtete ich seine Gestalt. Was hatte ihm das Leben noch zu bieten? Er stand doch schon mit einem Fuß im Grab. Verheiratet war er auch noch. Als ich in seinem Alter war, spielte ich noch Volleyball und war noch ganz gut zu Fuß. Wir, ein Team aus ambitionierten Lehren, spielten in einer Halle unserer Schule wöchentlich mit und gegen ehemalige und aktuelle Schüler, von denen die meisten Vereinsspieler waren. Sogar ehemalige Nationalspieler waren darunter. Da hat man uns Alten unsere Grenzen aufgezeigt.

Als ich mir damals neue Sportschuhe kaufen wollte, suchte ich mir in einem Sportgeschäft Volleyballschuhe einer bekannten Marke aus und musste beobachten, wie sich die blutjunge Verkäuferin anschickte, mir bei der Anprobe die Masche zu binden. »Fräulein«, sprach ich sie höflich an, »sollte ich mir die Masche nicht mehr selbst binden können, kaufe ich auch die Schuhe nicht, okay?« Sie wollte nett zu mir sein, wie sicher auch der Schüler, der mich rüstig nannte.

Mein Opa war rüstig. Mit sechzig brauchte er noch keinen Stock. Wenn ich ihn aber auf alten Fotos betrachte, auf denen er so alt war, wie ich heute bin, kommt er mir deutlich älter vor, ernster. Weil ich mich noch jung fühle? Weil die von mir beachtete Innenansicht meiner Person die Außenansicht übertönt? Oder täusche ich mich in dieser Beziehung? Vielleicht zeigen die obigen Beispiele nur, dass ich auf Jüngere anders wirke, als ich es mir einbilde?

Wann war meine beste Zeit als Lehrer, mein bestes Alter? Vermutlich als der Altersunterschied zwischen mir und meinen SchülerInnen groß genug war, sodass ich ihr Vater hätte sein können. Als Junglehrer hätte ich der Bruder sein können. Die halbwüchsigen Burschen, meine Schule war in meinen ersten Dienstjahren noch eine Bubenschule, konnten dieses Angebot, einen großen Bruder als Lehrer zu haben, in Klassenstärke natürlich nicht annehmen.

Es war im Jahr 1977. Ich hatte Gangaufsicht, da schlichen sich zwei meiner Erstklassler zu mir her. Einer fragte: »Wie alt sind Sie eigentlich?« - »Warum willst du denn das wissen«, fragte ich argwöhnisch. »Ich habe mit meinem Freund gewettet. Ich habe gesagt, Sie sind 32, er meinte, sie seien 25.« - »Die Wahrheit liegt ziemlich genau in der Mitte«, sagte ich. Da flüsterte er seinem Freund, der mitgehört hatte, zu: »So jung und schon so g'scheit!«

Einige Jahre später, als ich knapp vor dem 50er stand, wurde ich wieder auf offener Szene geschätzt. Und das kam so: Am Beginn einer Unterrichtsstunde sagte ich zu einem Erstklassler: »Thomas, du solltest mir 180,- Schilling mitbringen. Ich habe doch für dich eine Zeitschrift bestellt.« Der Angesprochene griff sich an die Stirn, weil er das Geld offensichtlich vergessen hatte. Da wendete sich Bernhard, sein Sitznachbar, an mich: »Jetzt hat er das Geld schon wieder vergessen. Der hat ein Hirn wie ein Vierzigjähriger!« Ich ging langsam auf ihn zu, er sollte Zeit zur Besinnung haben, und legte bedächtig beide Hände um seine Gurgel. Da kam Bernhard ein Verdacht: »Wie alt sind Sie eigentlich? Irgendwas mit 30, gell?«

Traumberuf

Als meine älteste Tochter noch ein Kindergartenkind war, erzählten die Kinder in ihrer Gruppe der Reihe nach, was ihre Väter von Beruf waren. Da gab es einen Mechaniker, einen Bauern und einen Vertreter. Jemandes Vater war Polizist und der Vater eines Mädchens war sogar Uhrmacher. Nur meine Kleine saß da und sagte nichts. Da fragte sie die Kindergärtnerin, was denn ihr Vater für einen Beruf habe. Sie antwortete: »Mein Papa hat keinen Beruf. Er geht immer nur in die Schule.«

Was glauben Sie, wie mir zumute war, als mir das zu Ohren kam. Ich wollte diese eklatante Wissenslücke meines Kindes sofort füllen. Also nahm ich mein Töchterlein mit in meine Schule. In den Unterrichtsstunden saß sie am Lehrertisch und beobachtete das Geschehen. In den Pausen besichtigte sie das Haus, plauderte mit den Kindern und den Kolleginnen und Kollegen und bekam, wie ich meinte, einen Eindruck von meiner Tätigkeit. Wäre sie eine ganze Woche geblieben, hätte sie ihren Vater in folgenden Rollen erleben können: In alphabetischer Reihenfolge war ich Anwalt, Aufsichtsperson, Beichtvater, Biologielehrer, Brandschutzbeauftragter, Chemielehrer, Ernährungsberater, Geldeintreiber, Inventarbetreuer, Krankenpfleger, Mediator, Medientechniker, Physiklehrer, Prüfer, Quizmaster, Raumpfleger, Reibebaum, Reiseveranstalter, Richter, Schulbuchreferent, Standesbeamter, Statistiker, Telefonseelsorger, Trostspender, Vaterersatz, – Vaterersatz? Hoppla! Das wohl nicht! Von mir erwartete hoffentlich niemand, als Lehrer einen Vater zu ersetzen. Die Kindergärtnerin konnte mich bei meinem Kind ja auch nicht ersetzen. Wie komme ich denn darauf. Ich weiß doch, wie Erziehung funktioniert. Über Vorbildwirkung der Eltern nämlich. Alles andere ist zu vergessen. Nehmen wir ein Beispiel: Vater sitzt abends vor dem Fernsehgerät, trinkt Bier und schaut Fußball. Sein kleiner Sohn setzt sich zu ihm und will auch fernsehen. Vater schickt ihn ins Bett und als sich der Kleine nicht bewegt, pfaucht er ihn an: »Kannst du nicht folgen?« Doch, er kann und er tut es gerade. Er folgt dem Alten nach, er tut was dieser tut, denn was Vater tut, ist richtig, das sagt ihm ein Instinkt. Das ist auch so, wenn sein Erzeuger nichts kapiert. Um einem Vorbild folgen zu können, muss man es aber sehen. Berufstätige Eltern, deren Leistungen von ihren Sprösslingen nicht wahrgenommen werden, können aber nicht gebührend geachtet werden. Ihre Kinder erleben sie ja oft nur als müde Freizeitgestalter.

Aber lassen Sie mich weiter erzählen: Nach dem Vater-Tochter-Tag in meiner Schule wollte die Kindergärtnerin von meiner Tochter wissen, was ihr Vater in der Schule getan habe und bekam als Antwort: »Mein Papa hat mit den Kindern gesungen und gebetet!« Das hatte ich allerdings nicht getan, nicht in der Schule, wohl aber zu Hause. Was war passiert? Die Kleine hatte offensichtlich erstens ihren Papa in den Schulklassen als Erzieher gesehen und zweitens seine Tätigkeit nicht als Arbeit klassifiziert. Und sie hat vermutlich auch ein bisschen geträumt. Von einer Vierjährigen ist es zu viel verlangt Lehr- und Erziehungstätigkeit zu trennen. Erwachsene Staatsbürger sollten allerdings dazu imstande sein. Sie sollten, meine ich, ihre eigene Verpflichtung als Eltern wahrnehmen und der Schule nichts aufbürden, was diese nicht leisten kann.

Sollte Ihnen ein Lehrer erzählen, er hätte einen Traumberuf, glauben Sie es ihm. Sonst wacht er auf.

Mein erster Schultag

Erinnern Sie sich an Ihren ersten Schultag? Ich erinnere mich noch sehr gut an meinen. Dieser Tag bleibt uns sicher ewig in Erinnerung, hebt er sich doch markant von allen anderen Tagen unseres Lebens ab. Diesen Tag haben wir markiert, den haben wir uns gemerkt.

Ein bisschen Herzklopfen war dabei, vieles fremd, die Leute, das Haus und alles war so bedeutsam. Wir mussten doch damit rechnen, ab nun an jedem weiteren Tag der absehbaren Zukunft diese Leute in diesem Raum zu treffen.

Meine Erinnerung an den ersten Tag als Schüler verblasst aber gegen die vom ersten Tag als Lehrer am GRG 21. Ich ging nicht unvorbereitet hin. Schon vor dem 11. März 1974 war ich im Haus, stellte mich dem Leiter, Dr. B., vor und besprach mit ihm meine Dienstverpflichtung. Ich kannte den Ruf des Hauses. Das GRG in der Franklinstraße 21 war als strenge Schule bekannt. Als erstes Gymnasium im Bezirk war man stolz auf seine Tradition. Die Professorinnen und Professoren waren stolz. Sie kleideten sich im Vergleich zu den heutigen Gepflogenheiten würdig. An Dr. B., dem Leiter der Anstalt, kam, wenn dieser vor 7:45 Uhr die Lehrer im Konferenzzimmer mit Handschlag begrüßte, keine und keiner nachlässig gewandet vorbei. Jeans waren unmöglich, für Herren und erst recht für Damen. Und: Wehe den zu spät Gekommenen!

Ich sollte die Lehrverpflichtung von einem gewissen Walter H. übernehmen. Ihn kannte ich schon aus meiner Schulzeit in Salzburg, wo er einige Klassen vor mir war. Später sahen wir uns an der Uni in Wien wieder. Walter war Zoologe durch und durch. In jeder Lacke war er auf Augenhöhe mit den Fröschen. Lebende Schlangen transportierte er unter seinem Hemd in die Schule. Diese lagen dann, sehr zum Schrecken mancher Kollegin, in einem Leinensack auf seinem Arbeitsplatzerl im Lehrerzimmer. Er gab seinen Lehrerjob auf, um im Südamerikanischen Urwald Froschlaute zu studieren. Später sollte er außerordentlicher Professor an der Wiener Universität werden.

Ich trat meinen Dienst in einer Schule an, an der ich wegen ihres guten Rufes, den zu erwartenden Arbeitsbedingungen und ihrer für mich guten Lage bleiben wollte. In geputzten Schuhen, grauem Anzug mit sorgfältig gewählter Krawatte, glatt rasiert und mit ordentlichem Haarschnitt näherte ich mich der Türe zum Konferenzzimmer, dem Raum, in dem mein Arbeitsplatz für die nächsten Jahrzehnte für mich bereitet war. Ich klopfte, öffnete schüchtern die Tür zu meinem Lebensziel und trat ein. Altehrwürdige Oberstudienrätinnen und –räte hoben ihre Köpfe, um mich zu mustern. Da erblickte mich auch mein Freund Walter und begrüßte mich mit lauter und für alle vernehmbarer Stimme: »Servas Fredy, du oide Sau!«

Tierrätsel

Als meine zweite Tochter vier Jahre alt war, spielte sie gerne ›Tierrätsel‹. Dabei dachte sie sich ein Tier aus, gab einige unzulängliche Informationen und ließ uns raten. Das war manchmal ganz schön schwer. Ich bin gespannt, ob sie draufkommen, welches Tier sie meinte, als sie sagte: «Was ist das? Es fangt mit ›L‹ an und kann spritzen.» Nein, das Lama hat sie nicht gemeint. Raten Sie weiter. Mit dieser Rätselfrage habe ich meine Schulkinder oft ins Schwitzen gebracht. Kaum jemand hat das auf Anhieb erraten. Die meisten SchülerInnen dachten wie Sie an ein Lama. Aber das spuckt ja, es spritzt genaugenommen nicht. Mein Töchterlein meinte jedenfalls den Elefanten. El-efant, verstehen Sie, fängt mit ›L‹ an, zumindest für ein vierjähriges Kind, das noch nicht schreiben kann. Sie hatten alle Infos, um das Rätsel zu knacken. Aber Sie haben sich verwirren lassen.

Man brauchte kein spezifisches Fachwissen, um auf den Elefanten zu kommen. Das Denken sollte aber von besonderer Art (spätlat. specificus) sein. Wie ein Kind sollte man denken. Haben wir jetzt so ganz nebenbei das Rätsel gelöst, warum manche Lehrer guten Erfolg bei Kindern haben? Weil sie sich vorstellen können, wie Kinder denken! Nicht unwichtig, wenn man erklären will.

Wir Erwachsenen benützen oft Worte, die in den Köpfen von kindlichen Zuhörern Verwirrung stiften, obwohl sie richtig verwendet werden. Der Sohn eines guten Freundes wusste, dass sein Vater Richter war, nur was er richtete, erriet er lange nicht. Er dachte an kaputtes Spielzeug.

Mein damals noch kleiner Sohn machte mich einmal auf einen derartigen ›Sprachfehler‹ aufmerksam. Er wusste, dass ich Volleyball spielte. Wir sprachen oft darüber. Aber als ich eines Tages einen Volleyball mit nach Hause nahm, sagte er ganz empört: »Das ist ja gar kein Wolleball, das ist ein Lederball.«

Ein Wort, bei dem ein Lehrer nicht genug aufpassen kann, ist das Wort Dichte. ›Masse durch Volumen‹ ist nicht sehr anschaulich, das sagt nicht jedem was. Hat das etwas mit der Tätigkeit eines Dichters zu tun? Was dichtet dieser ab? (Siehe dazu das Kapitel ›Bist du dicht oder Dichter‹). Als man an unseren Schulen die Dichte noch ›Spezifisches Gewicht« nannte, war man auch nicht vor Missverständnissen gefeit.

Ich wollte meinen zwölfjährigen SchülerInnen erklären, wie die Fische ihre Schwimmblase einsetzen, um ihre Schwebhöhe und Stellung im Wasser zu verändern. Wie Sie sicher wissen, haben viele Fische gasgefüllte Blasen in ihrem Körper, mit deren Hilfe sie ihr Volumen variieren können. An der Tafel waren Zeichnungen von verschieden dicken Fischen, deren Schwimmblasen verschieden stark gefüllt waren. Daneben stand das Wort ›Spezifisches Gewicht‹. Ein Schüler, der sein Aha-Erlebnis noch vor sich hatte, murmelte halblaut mit leichtem Kopfschütteln: »Spezi-Fisch? Spezi-Fisch?« Dass dieses Phänomen nicht an eine spezielle Spezies gebunden ist, konnte ich ihm dann erklären.

Ein Tierrätsel habe ich noch. In einer ersten Klasse besprachen wir die Tierwelt Afrikas und ich erzählte den SchülerInnen, dass die Afrikaner, zum Unterschied von uns, den Löwen nicht für den König der Tiere halten. Ich fragte sie, ob sie wüssten, welches Tier Afrikaner für würdiger halten, ein König zu sein. Sie versuchten es mit: »Elefant.« – Ich sagte: »Nein.« – »Krokodil.« – »Nein.« – »Schimpanse« – »Nein.« Alle ihre Vorschläge musste ich verneinen. Da drehte sich der kleine Herbert aus der ersten Bank zu seinen Freunden um und meinte: »Dann wird es wohl die Kleine Afrikanische Waldspitzmaus sein!«

Punktesieg für Lamarck

Wissenschaftler sollten immer sachlich argumentieren. Wer unsachlich, also zur Person des Diskussionsgegners spricht, disqualifiziert sich selbst. Und doch sind Tiefschläge dieser Art gang und gäbe. Wissenschaftler sind eben auch nur Menschen. Auch kommt es vor, dass sie Kritik an ihren Ideen als Angriff auf ihre Person empfinden. Besonders übel hat man Charles Darwin mitgespielt. Wie wurde er doch wegen seiner Thesen verhöhnt. Seine Zeitgenossen waren von diesen offenbar überfordert. Was heißt Zeitgenossen, bis heute ist jeder zweite US-Bürger noch nicht in der Lage, Darwins Abstammungslehre gebührend zu würdigen, warum auch immer.

Kennen Sie den? Da kommt ein Bub von der Schule heim und fragt seinen Vater: »Ist es wahr, dass wir von den Affen abstammen?« Und erhält als Antwort: »Du vielleicht, aber ich nicht!«

Forschungsergebnisse, die derart in unser persönliches Selbstverständnis eingreifen, halten wir gerne auf Distanz. Umso überraschender ist es, wenn ein schwer zu verstehendes Ergebnis wissenschaftlicher Bemühungen ohne weiteres akzeptiert wird.

Ich sprach einmal in einer 4. Klasse von Charles Darwin und dem ›Prinzip der natürlichen Zuchtwahl‹, also von der Selektion als bedeutender Motor in der Entwicklung der Arten. Ich war nicht sicher, ob sich auch alle unter diesem Begriff Zuchtwahl etwas vorstellen konnten. Anna beruhigte mich aber mit den Worten: »Wenn's Zuchtstiere gibt, wird's auch Zuchtwale geben!«

Darwins Erklärungsversuch für Veränderungen der Arten war nicht nur schwer zu akzeptieren, er wird auch bis heute von vielen Menschen fehl gedeutet. ›Survival of the fittest‹ wird gerne mit ›Überleben der Stärkeren‹ übersetzt. Welch Unsinn.

Die am besten Angepassten überleben in der Natur, das muss nichts mit Muskelkraft oder Aggressivität zu tun haben. Nicht nur Schwergewichtschampions pflanzen sich fort.

Auch fällt es uns nicht leicht, dem Zufall so viel Macht einzuräumen. Viel lieber wären wir Ergebnis eines genialen Plans. Die Frage, warum uns dieses und nicht jenes zufällt, geht uns verständlicherweise an die Nieren. So ist es nicht verwunderlich, dass bis heute die an die 200 Jahre alten Thesen des Jean Baptiste de Lamarck Anhänger finden. Nach seiner Meinung können erworbene Eigenschaften vererbt werden. Ich spreche nicht von Epigenie, also vom vererbbarem An- und Abschalten der Gene. Obwohl die Kenntnis davon den alten Herrn sicher gefreut hätte. Ob das folgende Beispiel seine Zustimmung gefunden hätte, sei dahingestellt. Er würde mir aber bestimmt verzeihen, wenn er wüsste, dass ich schon seit 30 Zeilen auf eine Pointe zu galoppiere.

Nehmen wir an, ein junger Mann, die EAV würde ihn ›Spaghettisultan‹ nennen, träte einem Boxklub bei, um sich fortzubilden. Dort freundete er sich mit einer jungen Dame an, die ihren schmächtigen Körper durch hartes Training stählte. Und die beiden hätten mit ihrem Tun Erfolg. Das Boxen wirkte sich in jeder Beziehung aus, auch in der der beiden zueinander. Das Kind, das einem Infight der beiden entspränge, hätte von Geburt an mehr Muskelmasse und eventuell noch andere Eigenschaften, die sich seine Eltern erworben haben, welche das auch immer sein mögen. Soweit unser Volks-Lamarck. Und nun zur wahren Begebenheit:

In einer 3. Klasse, die ich in Biologie unterrichtete, saß der Sohn eines leidlich erfolgreichen Amateurboxers, der nach der alten Boxerweisheit zu leben versuchte, die da lautet: Geben ist seliger denn Nehmen. Wie so oft kam im Unterricht die Sprache auf das Boxen und die Schüler fragten mich, ob ich jemals geboxt hätte. Ich verneinte und sagte, dass ich mir nicht vorstellen könne, auf jemanden so lange einzudreschen, bis dieser bewusstlos zu Boden gehe. Das widerspräche meiner Anschauung von der christlichen Nächstenliebe. Da meldete sich der Boxerableger zu Wort und sagte: »Mein Vater sagt auch immer: »Zu diesen Sport braucht man viel Liebe!« Urteilen Sie selbst. War das nicht ein glatter Punktesieg für Lamarck?

Wie bekommen wir Babys?

Als kleines Kind wusste ich genau, wie ich auf die Welt gekommen war. Da gab es gar nichts zu diskutieren. Obwohl mir die Sache nicht ganz geheuer war. Hin und wieder fragte mich nämlich jemand, wann mein Geburtstag sei. Geburtstag? Wann ich geboren bin? Was soll das heißen? Das hat doch hoffentlich nichts mit dem Bohren zu tun? Muss ich womöglich an meinem Geburtstag dahin zurück, woher ich gekommen bin? Ein unangenehmer Gedanke. Die Erwachsenen taten zwar so, als ob das kein Problem wäre, aber erklärt haben sie mir nichts. Zum Glück hatte ich einen welterfahrenen Cousin. Er war deutlich älter als ich, fast acht Monate. Da kennt man sich schon aus. Er erzählte mir eines Tages, wie Kinder tatsächlich auf die Welt kommen: Sie werden vom Storch gebracht. Sie können sich vorstellen, wie erleichtert ich war. Endlich hatte ich eine natürliche Erklärung für dieses Phänomen.

Als Lehrer musste ich später feststellen, dass die Kinder Anspielungen an den Storch als Babyspediteur nicht mehr verstanden. Das lag wohl an der Neuausgabe des Hadschi Bratschi, die auf diese Methode der Familienplanung gar nicht mehr einging.

In einer ersten Klasse besprachen wir eines Tages den Storch und seine Flugweise, also den Hals gerade vorgestreckt, die Beine waagrecht nach hinten. Ich wollte die Kinder testen und fragte mit ernster Miene: »Wie, glaubt ihr, kann so ein Storch, der ja selbst nur ca. 4 kg wiegt ein Baby mit über 3 kg Gewicht bringen?« Mit gleichem Ernst erwidert ein Schüler: »Na, dann trägt er natürlich den Schnabel mit dem Baby etwas tiefer, dafür die Beine höher!« Allgemeines Gelächter in der Klasse. Da zeigte ein Mädchen auf und fragte: »Und wie ist es wirklich?«

Die netteste Anfrage, wie es denn wirklich sei, erhielt ich von einer zehnjährigen Schülerin, die mir beim Betreten des Biologiesaales einen Zettel zusteckte. Darauf stand Folgendes: »Bekommen wir Babys vom Sex oder von der Liebe? Was ist richtig? Ich sage vom Sex, aber meine Mutter glaubt von der Liebe.«

Ja, die Mütter, sie sind die letzten Romantikerinnen. Manchmal sehr zu ihrem Nachteil. Die ihnen zugedachte Rolle im Fortpflanzungsgeschehen scheint mir nämlich antiquiert zu sein. Vor 300 Jahren wusste noch niemand, dass es bei uns Menschen Eizellen gibt. Stellen Sie sich das vor! Mit den damals noch sehr schlechten Mikroskopen vermeinte man in den Spermien Minimenschen zu sehen. Es gibt Zeichnungen, in denen so ein Homunkulus mit Gesicht und Zipfelmütze dargestellt ist. Vermutlich hat man wegen der mangelnden Tiefenschärfe die Geißel eines Spermiums verkannt. Folgerichtig sprach man vom Samen des Mannes. Verstehen Sie? Ein Samen ist bereits ein fertiges Lebewesen, das nur noch wachsen muss. Ein Pflanzensamen tut dies im Mutterboden. Ein Mensch in seiner Mutter. Die Zweitrangigkeit der Frau war somit wissenschaftlich belegt.

In Wahrheit ist jeder von uns mit seiner Mutter näher verwandt als mit seinem Vater. Sie spendete uns eine vollständige Zelle mit allen Organellen, darunter Mitochondrien mit ihrer eigenen DNA und vor allem die Membrane, welche die eigentlichen Steuerorganellen der Zelle sind. Vater spendierte per Randomsystem kombinierte Gene, also Rezepte für Proteine, sonst nichts. Abgesehen davon lebten wir vor der Geburt schon ein Dreivierteljahr in unserer Mutter und waren auch noch danach körperlich und emotional mit ihr verbunden. Mama ist die Nummer 1 in unserem Leben, keine Frage. Sagen wir doch Spermium statt Samenzelle. Weisen wir der Frau den Platz zu, der ihr gebührt.

Nun weiß ich längst, dass dem Storch nicht die Rolle in der menschlichen Fortpflanzung zukommt, die mir mein Cousin seinerzeit nahe gebracht hat. Ich weiß aber auch, dass man es mit der sexuellen Aufklärung übertreiben kann.

Wenn ich nämlich am Ende des Sexualkundeunterrichts die Klasse fragte, »wer glaubt jetzt noch an den Storch?«, stellte sich meistens heraus, dass ich der Einzige war. »Meine Damen und Herren«, musste ich dann sagen, »die Existenz von Störchen ist wissenschaftlich erwiesen!«

Und die Bibel hat doch recht

Im Anfang war das Wort, das Medium zu besserem Verständnis. Hat es das zwischenmenschliche Verstehen gefördert, oder wurde es nicht vielmehr eine neue Quelle für Missverständnisse? Liegt es an der Doppeldeutigkeit mancher Worte oder daran, dass Worte ihre Bedeutung wechseln können, dass manche Leute B verstehen, wenn man A gesagt und gemeint hat?

Wenn ich im Biologieunterricht Sex sagte und Geschlecht meinte, verstand man meist Geschlechtsverkehr. Wenn das Ziel des Geschlechtsverkehrs diskutiert wurde, vermuteten die meisten, es gehe um Lustgewinn. Das ist wenigstens nicht falsch. Der gesellschaftliche Wert mit seinem biologischen Hintergrund ist aber weniger bekannt.

Als vor Jahrmillionen unsere Vorfahren ihr Fell verloren, mussten die Mütter ihre Kleinkinder tragen, da sich diese nicht mehr selbst festhalten konnten. Dazu brauchten sie ihre Hände. Dadurch war das Sammeln erschwert. Sie waren ab jetzt, was ihre Ernährung betraf, von der Hilfe anderer abhängig. Das hatte Auswirkung auf die Gesellschaftsstruktur unserer Vorfahren. Diese änderte sich von Promiskuität, wie noch heute bei Schimpansen, zur Paarbildung. Aber überlegen Sie einmal. Warum sollte ein Mann sein mühsam erjagtes Eiweiß einem einzelnen Weib bringen? Weil sie den Salat gesammelt hatte? Reziproker Altruismus als Eheanbahnung? Sie verstehen: Er bringt der Frau, was sie für ihre Schwangerschaft braucht, Proteine. Sie gibt ihm, was er als Spitzensportler dringend benötigt, Kohlenhydrate. Ging Liebe ab jetzt durch den Magen? Nicht nur durch den Magen. Ist Ihnen aufgefallen, dass wir zum Unterschied von allen anderen Hominiden ganzjährig sexuell aktiv sind? Wozu denn das? Damit eben Männer heimkommen. Meinen Schülerinnen und Schülern sagte ich immer: Solange die Eltern einander lieben, geht es den Kindern gut. Sexuelle Liebe ist ein Familienkitt.

Wenn Geschlechtsverkehr also nicht nur den Sinn hat Kinder in die Welt zu setzen sondern auch den schon existierenden ihr Leben zu sichern, sollten unsere Jugendlichen rechtzeitig Methoden der Familienplanung kennen lernen. Schimpansinnen müssen das nicht. Sie können nur alle vier Jahre schwanger werden, weil das Stillen einen Eisprung verhindert. Eifersucht von Kindern auf Neugeborene ist bei ihnen unbekannt. Weibchen klagen auch nicht über Doppelbelastung.

Als meine Unterrichtspraktikantin Dagmar S. mit meiner 6. Klasse die Verhütungsmittel besprach, entwickelte sich ein bemerkenswertes Gespräch: Sie forderte die Schülerinnen und Schüler auf, ihr den Namen eines Mittels zuzurufen. Sie wollte ihnen dann den dazugehörigen Pearl-Index, also die Anzahl der ungewollten Schwangerschaften, berechnet auf 100 Jahre, ins Heft diktieren. Schon der erste Schüler rief: »Enthaltsamkeit!« Dagmar sagte: »Null!« Da meldete sich ein anderer Schüler mit den Worten: »Aber, wenn man den Berichten der Bibel Glauben schenken darf, hat doch diese Methode in mindestens einem Fall nicht gefruchtet.« Da sagte meine Kollegin: »Na dann schreibt halt Null-Komma-Josef!«

Metamorphose

Die 1E des Schuljahres 2003/04 war eine Kreativ-Klasse. Es gab auch Sportklassen und Klassen mit Englisch als Arbeitssprache. Kreativ-Klassen hatten eine Wochenstunde Bildnerische Erziehung mehr, dafür eine Stunde Leibesübungen weniger. Ob es eine gute Idee war, den SchülerInnen die Gelegenheit zum Sport zu schmälern sei dahingestellt. Es war ja damals schon bekannt, dass sich unsere Kinder zu wenig bewegen und dass Bewegung das einzig wirksame Mittel gegen Stress ist. Die Eltern meiner Lieblinge stuften diese bei Schuleintritt als kreativ ein, was zumindest bezüglich deren Verhaltens ganz korrekt war. »Wir müssen nicht brav sein«, erklärte mir einer von ihnen, »wir sind ja kreativ.«

KollegInnen aus künstlerischen Fächern veranstalteten jedes Jahr einen Tag der Kunst. Für freiwillige SchülerInnen der Oberstufe war der Regelunterricht aufgelöst. Sie nahmen stattdessen an künstlerischen Veranstaltungen teil, wie Bodypainting, kreativem Schreiben, Ausdruckstanz oder ähnlichem. Als Kreativ-Klasse wurde die 1E eingeladen eines ihrer Projekte zu präsentieren. Das Thema des Jahres war Metamorphose. Ovid beschrieb in seinen sagenhaften Metamorphosen die Veränderungen der Welt mit Bildern der griechischen und römischen Mythologie. Meine SchülerInnen kannten den Begriff aus dem Biologieunterricht. Hier ist damit die Umgestaltung eines Lebewesens von der Jugendform zur adulten gemeint. Ähnlich den Schmetterlingsraupen waren meine Kreativlinge jung und gefräßig. Und dann wollten sie hoch hinaus, bis dahin aber Ruhe. Eine Verwandlung erlebten sie in unserem Hause an sich selbst. Sie kamen als Kinder, gingen als Erwachsene. Diese für Zehnjährige schwierige Sachverhalte wollte ich spielerisch in einem Sketch behandeln. Witzig und skurril sollte der Text sein. Witzig, weil das eine geistreiche Art ist, sich mit

Themen auseinander zu setzen, die einem nahe gehen und skurril, weil das eben so unsere Art war. Die Einladung, am Tag der Kunst teilzunehmen, kam also gerade recht. Wir alle konnten beim Theatermachen viel lernen: Vom Sammeln der Ideen bis zur Aufführung war ein langer Weg. Als der Auftritt einmal angekündigt war, gab es kein Zurück mehr. So manch eine/er musste auf ihre/seine Traumrolle verzichten, weil sie nur eine/er spielen konnte. Das war hart. Aber so ist das Leben. Teamwork war gefragt. Da fast jede/er eine Sprechrolle hatte, wurde auch die Disziplin des Zuhörens geübt.

Und nun zu unserem Sketch: Karl von Linné (der schwedische Naturforscher möge uns verzeihen, dass wir sein Lebenswerk in dieser Weise würdigen) betritt die Bühne, auf der viele verschiedene Tiere zu Popmusik tanzen. Verärgert über diesen Wirbel dreht er den Kassettenrekorder ab, stellt sich vor und sagt:

Linné: »Hört her ihr Tiere, ihr Katzen und Affen,
ich werde hier jetzt Ordnung schaffen.
Ich teile euch ein
nach äußerem Schein.
Tretet nun einzeln vor mich hin.
Komm her du Affe, du beginn.«

Der Angesprochene schlägt auf einer Trommel einen wilden Rhythmus, wird deshalb sofort angeschnauzt:

Linné: Du schlägst deine Bongos?
Dann nenn ich dich Pongo!
Dein Lärm, der geht mir auf die Nieren,
ich stell dich zu den Wirbeltieren!

Darauf hin muss sich der Affe hinter eine Tafel mit eben dieser Aufschrift stellen. Delfin, Qualle, Papagei und Hase erleiden ähnliche Schicksale. Eine kleine Raupe, als Rauptier angesprochen, kriecht auf den Forscher in einem dosenförmigen Kostüm zu und spricht über ihren Plan sich zu verpuppen.

Linné: (schlägt in einem Buch nach)
Wie heißt nur dieses Puppenkind?
Ich glaub, du bist ein Kohlweißling.
Laut Buch machst du in der Dose
eine echte Metamorphose.

Raupe: Dazu fehlt mir jetzt die Zeit.
Ich zieh´ mir an mein Hochzeitskleid.
(lässt ihre Verkleidung fallen und steht im neuen Gewand mit glänzenden Flügeln im Scheinwerferlicht)

Schmetterling: Weil ich einst am Weißkohl hing,
nennt man mich den Kohlweißling.
Und meine neue Hose
ist die Metamorph–Hose.

Es kann ja sein, dass schon bessere Verse zu diesem Thema gefunden wurden. Aber nicht von uns.

Linné: Du treibst dich an Land und im Wind um,
d´rum bist du ein echtes Amphibium.

Ein protestierender Frosch verwirrt unseren wackeren Forscher vollends. Bis die Tiere die Initiative ergreifen und Linné fort komplimentieren:

Tier 1: Wie schön war die Welt in all den Jahren,
als wir noch nicht wussten, was wir waren.

Sie bedanken sich artig für sein Tun, loben ihn über Gebühr und sagen:

Tier 2: Du hast in das Chaos Ordnung gebracht.
Du machtest uns glücklich, vor Freud´ jeder lacht.
(alle lachen Linné aus)

Tier 3: Damit dich gleich jedes Tier kennt,
nennen wir dich Homo sapiens!

Somit ist jedem Zuschauer klar, wie der Mensch zu seinem Namen kam.

Hoch erhobenen Hauptes, mit geschwellter Brust, stolziert Linné von der Bühne. Ein Tier drückt am Kassettenrecorder die PLAY-Taste.

Die Tiere tanzen genau wie am Beginn des Stückes.

ENDE

Ging – Gong

Mein Schulfreund Peppi hatte es gut. Er wohnte direkt neben unserer Schule, dem Realgymnasium in Salzburg–Lehen, dem heutigen Christian Doppler-Gymnasium. Wenn er um acht Uhr die Schulglocke hörte, beendete er sein Frühstück und rannte los. Er war garantiert vor dem jeweiligen Professor in der Klasse. Später sollte Peppi Langstreckenläufer werden. Die tägliche aufs Neue genossene Genugtuung einen favorisierten Gegner besiegt zu haben, wird wohl maßgeblichen Einfluss auf diese Entwicklung gehabt haben. Nothing succeeds like success. Seine späteren Mitfavoriten sollen es ihm schwerer gemacht haben.

Es war in meinem ersten Dienstjahr. Ich saß im Konferenzzimmer an meinem Arbeitsplätzchen und versuchte von 1F auf 6A umzuschalten, als der Schulgong den Beginn der nächsten Unterrichtsstunde anzeigte. Ich erhob mich und steuerte der Türe zu. Da rief mit OStR Karl S. nach: »Wo gehst denn hin?« – »Es hat gegongt«, war meine Antwort, »ich gehe in die Klasse.« – »Hör zu, bei dir lohnt sich's noch. Wenn du in jeder Stunde fünf Minuten später gehst, sind das bis zur Pension vier Jahre!« Wie er sich irren sollte! Er ging ja davon aus, dass ich im Alter von sechzig Jahren in die ewigen Ferien eintreten könnte. Es wären deutlich mehr als vier Jahre geworden.

Stellen Sie sich vor, der Verteidigungsminister gäbe einen Erlass an seine übende Truppen heraus, alle 50 Minuten einen Stellungswechsel durchzuführen, der abwechselnd 5 und 10 Minuten dauern soll. Selbst die ostösterreichische Journaille könnte diesen Unsinn nicht schön schreiben. Wir vergeuden gegen den Rat von Lern-Psychologen die Energie unserer SchülerInnen und letztlich auch die der LehrerInnen. Die Schuluhr als Schrittmacher, als Gleichschalter, erzeugt einen Takt, der sich mit Sicherheit schlecht auf die Leistungen unserer SchülerInnen auswirkt. Seit Jahrzehnten ist bekannt, dass das Gehirn circa 30 min benötigt, um neue Informationen einzuspeichern. Informationen, die zeitlich zu nah aneinander geboten werden, behindern einander gegenseitig. Stresst ein Lehrer zum Beispiel am Anfang der zweiten Unterrichtsstunde seine Klasse mit einem Schularbeitsangabenzettel, bemühten sich die SchülerInnen Ende der ersten Stunde vergeblich sich etwas zu merken. Wird das Wissen um diesen Umstand in die Schulentwicklung einfließen? Was glauben Sie als gelernte ÖsterreicherInnen? Seit ich im Ruhestand bin und dem Rhythmus des Gongs nicht mehr unterliege, seit ich jeder Tätigkeit die Zeit gewähre, die sie braucht, bin ich entschleunigt und finde zu mir.

Vielleicht ist Unpünktlichkeit ein stilles Aufbegehren gegen das Diktat der äußeren Uhr, ein heimliches Ausbrechen der Seele aus dem Narrenturm, in dem der Körper steckt. Im Lehrkörper meiner Schule hatte ich einige Belege für diese These. Ein Kollege, dessen innere Uhr etwas nachging, schaffte es jeden Schultag zwei Minuten nach Beginn seiner ersten Unterrichtseinheit das Schulhaus zu betreten. Er schenkte seinem nörgelnden aber hilflosen Direktor zu dessen Geburtstag eine große Packung ›After Eight‹, und das pünktlich zwei Minuten nach dem Acht-Uhr-Gong.

Die innere Uhr meines ›Einführenden‹, des Kollegen also, der mir im ersten Dienstjahr mit Sachverstand und Tat zur Seite stehen sollte, ging einige Minuten vor. Tag für Tag schaffte er es nach der sechsten Stunde, die um 13 Uhr 35 endete, die Schnellbahn um 13 Uhr 32 zu erreichen. Pünktlich heißt ja nicht zum richtigen Zeitpunkt. Punkt.

ging-gong

im gnadenlosen takt des schul	gong	s verlief mein tag
nichts	ging	mehr
ob im klassenraum ob am	gang	zerhackt jede tat
so	ging	ich ohne wiederkehr
und ohne re	gung	
		und kam zu mir

Ich esse, ergo sum

»Welches Tier ist Ihr Lieblingstier?«, wurde ich des Öfteren gefragt. »Das Paprikahendl«, pflegte ich dann wahrheitsgemäß zu antworten. Ob ich denn als Biologielehrer kein Vegetarier sei? »Ich bin hauptsächlich Vegetarier«, antwortete ich manchmal, um etwas Stimmung in die Diskussion zu bringen, »ich esse nämlich hauptsächlich Vegetarier. Und wenn es stimmt, dass man ist, was man isst, bin ich hauptsächlich Vegetarier.«

Das leidige Thema Essen. Die ewig junge Frage: Was sollen wir essen, beziehungsweise was vertragen wir am besten. Mit Argumenten waren Kinder kaum dauerhaft zu beeindrucken. Wenn sie zu mir in den Unterricht kamen, hatten sie ja schon jahrelang in ihren Familien Grundnahrungsausbildung. Im Babyalter funktionierten ihre Instinkte noch. Sie spuckten sofort bei Abweichungen von der Körpertemperatur (der Mama) oder bei fehlerhafter Qualität der Speisen, wie zu salzig oder zu bitter. Als Zehnjährige rätselten sie bei Fragen zu diesen Themen ohne auf das Gelbe vom Ei zu kommen. Dazwischen waren meist die Eltern glaubwürdige Verführer.

Dabei könnte jede und jeder den Antworten auf Fragen nach der richtigen Ernährungsweise leicht selbst auf die Spur kommen. Nehmen wir zum Beispiel die Frage nach der besten Temperatur unserer Speisen. Wenn ich fragte, »bei welcher Temperatur funktionieren eure Geschmacksorgane am besten?«, ging ihnen ein Licht auf. In der Pause versorgten sie sich aber gleich wieder mit eiskalten Getränken, die ihnen ein Automatenaufsteller gönnte. Biolehrer dürfen das nicht persönlich nehmen. Sissi Fuß war sicher eine von uns.

Wir Menschen haben es aber auch schwer. Der viel gelästerte Zucker und das oft verdammte Fett sind hochwertige Nährstoffe, die Mutter Natur aber nur sparsam verwendet. Wenn unsere Sinne sie ertesten, ruft unser Ernährungs-Navi fröhlich: »Herzlichen Glückwunsch, du bist am Ziel. Iss jetzt so viel du kriegen kannst!« Mit dieser Software geht dann Tante Olga in die Konditorei. Da hört man schon Udo Jürgens singen: Aber bitte mit Sachverstand!

In einer ersten Klasse musste ich den Kindern die Wahrheit über das Frittieren beibringen. Ich weiß noch, dass es in der letzten Unterrichtsstunde war und wir danach das Haus verließen, um zu Mutters Suppentöpfen zu eilen. Als ich nach dem Unterricht auf dem Heimweg war und auf einer Rolltreppe zum Bahnsteig der Schnellbahn hochfuhr, stand Maria, ein Mädchen aus besagter Klasse, das in meiner Heimatgemeinde als Ministrantin tätig war, mit gesenktem Haupt und gefalteten Händen am oberen Ende der Treppe und sagte mit Betschwesternstimme: »Ich habe gesündigt!« In ihren gefalteten Händen hielt sie ein Stanitzel mit verführerisch duftenden Pommes frites.

Viele Kinder haben heutzutage keine Ahnung mehr, woraus ihre Speisen gemacht werden. Dass Fleisch ein Organ eines Tieres sei, konnten viele meiner SchülerInnen kaum glauben. Sogar eine meiner Nichten, deren Eltern von der Schweinezucht lebten, hatte als Kind diesbezüglich kleine Wissenslücken. Als sie spitz kriegte, dass Schnitzel aus toten Schweinen geschnitten werden, rief sie empört: »Ich esse keine Schnitzel mehr, höchstens noch Würstl!«

Aber auch pflanzliche Nahrung barg Geheimnisse. In einer anderen ersten Klasse, es war die 1C des Schuljahres 1977/78, bereitete uns die Frage nach der Herkunft des Grießes gewisse Schwierigkeiten. Robert schlug vor: »Der kommt aus China.« Selbst wenn chinesischer Grieß in den Regalen unserer Geschäfte stünde, wäre die Frage noch ungelöst, woraus er gemacht wird. Wir berieten hin, wir berieten her, das Rätseln hatte aber kein Ende. Ich schlug den SchülerInnen sogar den weihnachtlichen Grießbaum als Quelle vor, was sie aber mehrheitlich für unrichtig hielten. Da sagte ich mehr zu mir selbst als zur Klasse: »Keiner weiß, woher der Grieß kommt.« Das hörte

Alexandra und stellte die aus ihrer Sicht logische Frage: »Aber wenn keinen weiß, woher der Grieß kommt, wieso haben wir ihn dann?«

Fahrenheit 35

Haben Sie schon von dem Mann gehört, der aufgrund des Rates seines Arztes eine fürchterliche Erkältung bekommen hat? In der Sprechstunde sagte er: »Herr Doktor, i hab d' Hurst.« - »Dann trinken Sie am besten eiskaltes Wasser«, war die wohlmeinende, aber fatale Anweisung des Mediziners. Ein Missverständnis. Man sollte, wenn kaltes Wasser im Spiel ist, lieber nachfragen.

Im Physikunterricht meiner (verhaltens-)kreativen Zweitklassler schien es mir notwendig, die Themen Adhäsion – Kohäsion und Trägheit öfters aufs Tapet zu bringen. Letzteres war zwar ihr ureigenstes Thema, da sie sich zu gar nichts aufraffen konnten, die Trägheit als Beharrungsvermögen blieb ihnen aber lange ein Buch mit sieben Siegeln. Die Trägheit ihrer Masse zeigte sich jedes Mal, wenn ich ihnen etwas Neues vorschlug. »Wisst ihr was«, begann ich des Öfteren einen Satz, »machen wir…«. - »Nein«, schrien sie augenblicklich, ohne zu wissen, worum es eigentlich gehen sollte.

Also schrieb ich einen Sketch. Den übten wir mit verschiedenen Besetzungen in vielen Physikstunden zu Stundenbeginn, bis der letzte von ihnen alle Pointen verstanden hatte. Der Sketch hieß ›Fahrenheit 35‹ und spielte an einem Tiroler Bergsee.

Ein amerikanischer Physiker (A) sitzt mit einer Angel an besagtem eiskalten See und misst mit einem Thermometer die Wassertemperatur. Als ein einheimischer Spaziergänger (B) dazukommt, entwickelt sich folgendes Gespräch:

A: 35!
B: 35?
A: 35! Fahrenheit – Amerika!
    (Erklärend zum Spaziergänger, der sich darauf hin bereit
    macht, ins Wasser zu springen)

B: Sie fahren heit nach Amerika?
A: Nein, Grade!
B: Jetzt gerade? *(Kopfschüttelnd zu sich selbst)*
   Dabei sitzt dieser Anglo-Amerikaner hier vor mir.
A: Dieses Thermometer stammt aus Amerika.
B: Ich bin Tiroler! *(Springt ins Wasser)*
   Hilfe! Das Wasser ist ja saukalt!
   (Streckt die Arme Hilfe suchend in die Höhe)
A: Warum schreien Sie denn so?
B: Ich habe keinen Grund!
A: Dann hören Sie auf grundlos zu schreien, Sie verschrecken ja alle Fische. Dann beißen sie nicht.
B: Die sollen mich ja auch nicht beißen.
   (Klettert aus dem Wasser und schüttelt sich)
A: Die Trägheit der durch Rotation Ihres Körpers beschleunigten Wassertropfen lässt einige tangential wegspritzen. Dank der Adhäsion zwischen den Teilchen des Wassers und denen der Haut bleiben aber einige Tropfen haften. Durch die Verdunstungskälte könnte Ihre Körpertemperatur bald dramatisch sinken.
B: Ich bin nass und friere.
A: Sie haben meine Worte sehr gut ins Tirolerische übersetzt. Ich bin beeindruckt.
B: Sie werden gleich von der Trägheit der beschleunigten Hand eines Tirolers beeindruckt sein.
   (Gibt ihm eine Ohrfeige)

Die Besprechung der Themen Aggression, Schmerz und Hämatom erfolgte in der anschließenden Biologiestunde.

I'm a walrus

Hat man Ihnen früher auch nachgerufen: »Lange Haare, kurzer Verstand!« Wie frauenfeindlich! Hat man nicht spitz gekriegt, dass die Zeit des befohlenen Kurzhaarschnittes vorbei war. Hair mit neuen Konventionen war die Devise und ein Nachruf auf den Konformismus alter Form. Wir zogen alle Blue Jeans an, die neue Nonkonformistenuniform. Unterschätzen wir aber Uniformen nicht. Sie haben starken Symbolcharakter. Sie stehen für Hautoberfläche. Wer nicht aussieht wie ich, gehört nicht meiner Art an. Den darf ich in einer Kriegshandlung ungestraft töten, wie bei einer Jagd auf Artfremde, zum Beispiel Hasen. Wie hoch ehrt man den erfolgreichen Krieger, wie streng bestraft man den Mörder.

Was hat man Ihnen in der Schule über den Haarverlust des Homo sapiens erzählt? Ich kenne keine von allen Wissenschaftlern vertretene Theorie darüber. Man liest meistens vom waldbewohnenden Ahnen, der irgendwann - aus welchen Gründen auch immer - auf die Savanne hinaus wechselte. Haben Sie sich schon einmal überlegt, wie denn so etwas funktionieren soll? Wie konnte ein Wasservergeuder aus dem Regenwald wie unser Ahnl ohne Wasserspar-App in der Savanne überleben? Dadurch, dass er sein Fell opferte? Kennen Sie ein in der Savanne lebendes Säugetier ohne Fell? Ich kenne nur Säugetiere, die ihr Haarkleid einbüßten, als sie zu Wasserbewohnern wurden. Wie kann man die Tatsache erklären, dass Säuglinge, wenn sie mit ihren Müttern ins Wasser gehen, ruhig bleiben, die Luft anhalten und die Augen öffnen. Wissen Sie, wie viele hunderttausend Jahre es dauert, bis sich ein derartiger Instinkt ausbildet? Es gibt viele Indizien, die darauf hinweisen, dass es vor Jahrmillionen eine lange Phase in der menschlichen Entwicklung gegeben haben muss, in der wir am Wasser gelebt haben müssen. Das war vermutlich im Gebiet einer ostafrikanischen

Flussmündung. Babyspeck und der deutlich bessere Schwimmgürtel der rezenten Mütter deuten darauf hin, dass es vor allem Frauen waren, die mit ihren Säuglingen im Wasser stehend Futter gesammelt haben. Mich erstaunt die Argumentation gegen diese Theorie. Es gäbe keine Fossilfunde, sagt man, die die Theorie von der aquatischen Phase stützen würden. Na klar. Flüsse und Brandungen sind bekannt für ihre zerstörerische Wirkung. Die Missing Links aus dieser Zeit müssten doch stutzig machen.

Das Fehlen von Versteinerungen, Abdrücken oder Lebensspuren scheint auf manche Paläontologen phantasieeindämmende Wirkung zu haben. SchülerInnen sind da anders. Je weniger sie gesichert wissen, desto phantasievoller sind ihre Deutungen. Was sagen Sie zu folgenden Definitionen?

Auf die Frage, was ein Leitfossil sei, schrieb ein Drittklassler: »Wenn man ein Fossil findet und es wo anders noch einmal findet, kann man daraus schließen, dass es hier und hier gelebt hat.« Dieser Argumentation kann man folgen. Aber kein geübter TV-Krimi-Seher lässt sich heute noch von fehlenden Spuren täuschen.

Andere wieder überziehen die Forderungen an Fossilien total. Einer schrieb, vergangenes Leben gelte als Leitfossil, »wenn es auf eng begrenztem Raum weit verbreitet« sei. Leitfossilien können übrigens die Gedanken ihrer Entdecker leiten, weil sie diese schon von wo anders her kennen. Sie sind besonders wertvoll, wenn die Lebewesen von denen sie stammen in einem eng begrenztem Zeitraum weit verbreitet waren.

Aber kommen wir noch einmal zu unserer Körperbehaarung zurück. Sie fehlt ja nicht überall. Die meisten von uns haben noch eine Frisur. Allen Erwachsenen sprießen Achselhaare und die männlichen unter ihnen könnten sich einen Bart stehen lassen. Man kommt aber ins Staunen, wenn man liest, was beim erwachsenen Mann nach Meinung eines meiner Schüler noch alles behaart ist. Der Vierzehnjährige schrieb bei einem Biologietest, im Text eines älteren Mädchens hätte ich das eher erwartet: »Das sekundäre Geschlechtsmerkmal des Mannes ist seine Scharmbehaarung.«

Magie

Ein feiner Lufthauch wehte Geräusche der Nacht vom Wald her und strich um die Hütte. Drinnen stand mitten im Raum der Magier, gehüllt in seinen schweren Umhang, den Spitzhut auf dem Kopf. Es war Mitternacht. Die Stunde des Geistes war angebrochen.

Später wird man ergründen wollen, was diese Stunde von anderen unterscheidet, was sie zur Geisterstunde macht. Wenn es stimmt, dass unser Gehirn von Magnetfeldern in seiner Tätigkeit beeinflusst werden kann, wenn also sogar das Erdmagnetfeld ein Störfaktor für die Gehirntätigkeit ist, dann ist klar, warum um Mitternacht das Denken störungsärmer möglich ist. Die Feldlinien des Erdmagnetfeldes sind an der der Sonne abgewandten Seite unseres Planeten nicht so dicht beieinander. Deswegen schlägt um Mitternacht dem menschlichen Geist die Stunde.

Im September 2003 begann ich meine erste Physikstunde mit meiner Klasse so: »Ihr wart bisher der Meinung, die Abkürzungen Prof. und Mag. vor meinem Namen heißen Professor Magister. Das war ein Irrtum. Prof. Mag. bedeutet in Wirklichkeit ›Professioneller Magier‹. In der heutigen Physikstunde werde ich euch beweisen, dass ich tatsächlich magische Kräfte habe.« Daraufhin stellte ich mit feierlichem Gehabe eine leere Bierflasche auf den Tisch, legte eine befeuchtete Münze auf die Öffnung und umfasste die kühle Flasche mit meinen Händen. »Münze, hebe dich und tanze«, sprach ich mit fester Stimme, »tanze, tanze.« Nach kurzer Zeit, als die Luft in der Flasche genügend erwärmt war, um sich auszudehnen, hob sich die Münze einige Male. Nun wartete ich auf die Reaktionen aus der Klasse. Und wartete. Nichts geschah.

Es muss so um die 12. Stunde gewesen sein. Ob ein feiner Lufthauch das Schulhaus umwehte, fiel dem Vergessen anheim.

Der Sonnenwind wird aber wohl die Feldlinien des Erdmagnetfeldes gegen die Erde gedrückt haben, dass es nur so krachte. Also Geisterstunde war diese Unterrichtseinheit wohl nicht.

Irgendjemand müsste doch eine Frage zu dieser Demonstration meiner Willensstärke stellen wollen. Das war doch in anderen Klasse bisher auch so. Müde Blicke streiften mich und die Flasche. Endlich ergriff Florian das Wort. Wir kennen ihn schon aus einer anderen Geschichte als Tröster mit der Faust: »Herr Professor, ich habe geglaubt, Sie trinken nur Zwettler Bier. Mein Vater sagt auch, das niederösterreichische Bier ist das Beste.« Nun ging es in diesem Versuch nicht um die Macht verschiedener Biersorten. Die SchülerInnen sollten erkennen, dass durch Experimente Thesen überprüft werden können. Um die Diskussion in Gang zu bringen, fragte ich, warum sich die Münze wohl gehoben habe. Da bekam ich von Angela die Behauptung zu hören: »Die Luft wollte heraus.« Ich vertröstete die Schülerin auf die siebente Klasse, in der im Unterrichtsgegenstand Psychologie über den freien Willen gesprochen werden würde, oder auf die achte, in der möglicherweise der Geist aus der Flasche am Programm stand. Es war aber an Kamila das Schlusswort in dieser wissenschaftlichen Auseinandersetzung zu sprechen: »Herr Professor, das ist halt so!«

Im Wort Magier steckt auch das Mögen und die Macht. Insofern war ich tatsächlich ein Magier. Ich mochte mit der Klasse etwas machen. Mag sein, dass meine Macht nicht ausreiche, sie Mögen zu machen.

Eine andere Klasse hätte ich aber beinahe von meinen außerordentlichen Kräften überzeugen können. Nach oftmaligen Wiederholungen im Biologieunterricht zum Thema Leben – Lebewesen – Tier – Pflanze, hatte ein Schüler immer noch nicht begriffen, dass Pflanzen Lebewesen sind. Ich forderte ihn daher auf, aus seinem Biologieheft ein Merkmal der Lebewesen vorzulesen. Er las: »Reagiert auf Reize«. Wie konnte ich ihm zeigen, dass das auch für Pflanzen gilt? Zufällig stand ein schmaler, säulenförmiger Kaktus in einem sehr kleinen Töpfchen auf dem Lehrertisch. Ich deutete der Klasse ganz still zu sein, schlich zum Kaktus, näherte mich ihm bis auf wenige Zentimeter und rief dann laut »WUH«, worauf der Kaktus umfiel. Nach der Stunde kam die kleine Lisa zu mir und sagte: »Gell, den hast du aber umgepustet!«

Binca botanica

Die Durchführung von botanischen Exkursionen fand ich viel schwieriger als die von zoologischen. Begegnete man einem Tier, das man nicht kannte, war das Problem meist mit lautem Trampeln zu lösen. Auf den Fluchtinstinkt konnte man sich verlassen. Chamäleons, die so etwas nicht haben, gibt es bei uns ja nicht. Die kennt man aus anderen Gründen von Mal zu Mal nicht. Einmaliges Aufstampfen konnte einem in der Botanik sogar neue Probleme bringen, wenn dadurch das letzte Exemplar einer endemischen Art daran glauben musste.

Sollten Sie jetzt mitleidig lächeln, weil Sie meinen sich in der Pflanzenkunde gut auszukennen, machen wir einen kleinen Test. Welche Fruchtform trägt Vitis vinifera? Das sei leicht, meinen Sie. Viele Leute raten hier falsch. Der Name sagt es nämlich nicht wirklich. Sie trägt keinen Wein. Auch keine Weintrauben. Botaniker würden sagen, ihre Rispen tragen Beeren, Weinbeeren, ›Weinberln‹, wie der Wiener richtig sagt.

Wenn Sie sich in einem Obstgeschäft korrekt ausdrücken, hält man Sie für blöde. Sagen sie einmal zu Erdbeeren »fleischig gewordene Blütenboden mit Nüsschen« und warten Sie, was passiert. Früher war sogar die Bezeichnung ›Scheinfrucht‹ für einen Apfel richtig, weil genau genommen nur das Kerngehäuse aus dem Fruchtknoten entsteht. Behalten Sie Ihr Fachwissen lieber für sich, man müsste Sie sonst vor dem Zorn der Apfelfrau schützen. »Wos hast Scheinfrucht, du Zwetschgenkrampus? Scheinfrucht! Zu meine amoligen Maschansker sogt er Scheinfrucht …!«

Meine ErstklasslerInnen glaubten, ich mache einen Scherz, wenn ich behauptete, dass im Gegensatz zu den Bananen Himbeeren keine Beeren sind, dass es sich vielmehr um einen Fruchtstand aus vielen Steinfrüchten handelte. Auch Walnüsse sind Steinfrüchte, aber Paprika keine Schoten, sondern, was glauben Sie? Paprikafrüchte sind Beeren, weil sie saftige Früchte mit mehreren Samen sind. Im Lexikon des nutzlosen Wissens finden sich seitenweise korrekte Bezeichnungen für Pflanzenteile. Der Volksmund spricht aber anders. So auch Schüler bei Prüfungen.

»Welche Pflanzenteile essen wir, weil sie Stärke beinhalten?« – *Schüler:* »*Äpfel!*« – »Nein!« – »*Mehlige Äpfel!*«

Der Begriff Stärke war anscheinend unbegreiflich, selbst für SchülerInnen mit Deutsch als Muttersprache. Oder gerade für sie. War mit Stärke Kraft gemeint, Stabilität oder Wirksamkeit? Die Uroma hat noch Wäsche gestärkt. Hat das damit zu tun? Ja. Das Polysacharid $(C_6H_{10}O_5)_n$, das die Griechen amylon nannten, weil sie es nicht in Mühlen gewinnen konnten, wurde verwendet, um Krägen und Manschetten zu härten. Dass es der wichtigste Speicherstoff für Pflanzen ist, von den Pflanzen erzeugt, um es selbst zu nutzen, war den Kleinen nur schwer zu vermitteln. Den weit verbreiteten Irrtum, dass es der Zweck der Früchte sei gegessen zu werden, kann man bekämpfen bis zum Grünwerden.

»Warum sind eigentlich die Laubblätter grün?«, scheint eine geradezu leichte Frage zu sein. Ein Schüler antwortete bei einer Prüfung: »Weil die Blume aus der Sonnenstärke Chlorophyll macht.« Gelernt hatte er, sonst hätte er nichts verwechseln können. Auch er hätte sagen können, wie es schon in der Überschrift steht: I bin ka Botaniker!

Das menschliche Walverhalten

Meinen SchülerInnen hatte ich das Wort ›Tier‹ verboten, außer sie wollten die Tiere den Pflanzen, Bakterien oder Pilzen gegenüberstellen. Das Wort ist zu ungenau, schließlich gibt es zwischen Quallen und Ameisen größere Unterschiede als zwischen Menschen und jeder anderen Wirbeltierart. Pflanzen als Produzenten (von organischen Stoffen), Tiere einschließlich der Art Homo sapiens als Konsumenten (von organischen Stoffen) und als dritte, wenig beachtete Gruppe, die Bakterien und Pilze als Destruenten (von organischen Stoffen) bilden die biologische Dreieinigkeit auf diesem Planeten.

Wenn wir uns als Menschen als etwas Besonderes sehen, als über der Natur stehend, verhindert diese Sicht das Verständnis für das funktionierende Zusammenleben und macht uns hochmütig. Was meinen Sie, ist Ehrfurcht vor dem jeweils Anderen eine Sache des Hirns oder eine Sache des Herzens? Wäre es eine Angelegenheit des Gehirns, wären die intelligentesten Menschen auch die besten. Ich melde Zweifel an.

In naturwissenschaftlichen Fächern dürften wache Schüler eigentlich aus dem Staunen nicht herauskommen, wie zum Beispiel über folgende Geschichte: Einem Delfin, der einzeln in einem Becken gehalten wurde, brachte ein Wissenschaftler ein ganz neues Kunststück bei. Kurze Zeit später konnte ein anderer Delfin, der weit entfernt in einem anderen Becken lebte, dieses Kunststück durchführen. Wenn Sie jetzt an ein Wunder denken, irren Sie. Die beiden haben getratscht, übers Telefon. Wir Menschen sind nicht die einzigen Lebewesen, die über Laute kommunizieren. Das weiß man längst, dass es aber so weit geht, erstaunt uns doch. Warum eigentlich? Weil wir uns für etwas Besonderes halten?

Seit ›Rin-Tin-Tin‹, ›Lassie‹, ›Fury‹ und ›Flipper‹ halten Menschenkinder Hunde, Pferde und Delfine für klug. ›Mr. Ed‹, das sprechende Pferd, hatte es übertrieben. Biolehrer müssen diese Phantastereien natürlich relativieren. Die Macht der Bilder ist aber groß. Da könnten Kinder schon auf falsche Gedanken kommen. Denken Sie nur an die Biene Maja. Bienenkinder sind in Wirklichkeit Maden und Männchen nicht gefräßig wie der faule Willi, sie müssen gefüttert werden und so weiter. Anthropomorphismen können unterhaltsam sein und helfen uns die fremdartigen Lebewesen zu mögen, man muss aber aufpassen, dass man dem Wesen der fremden Wesen gerecht wird. Der schlaue Fuchs, die listige Schlange oder gar der böse Wolf sind bekannte Negativbeispiele.

Gibt es Lebewesen, die in Relation zu ihrer Problemlage überqualifiziert sind? Kann ein Regenwurm singen, ein Schneeglöckchen laufen? Jedes Wesen ist so dumm wie möglich und so klug wie notwendig. Wenn Intelligenz etwas mit der Fähigkeit zur Problemlösung zu tun hat, sind wir, glaube ich, den irdischen Mitbewohnern nicht überlegen. Möglicherweise sind unsere Mittiere sogar die erfolgreicheren. Und vielleicht haben Kinder den besseren Zugang zu ihnen als wir Erwachsene.

Um meinen SchülerInnen den Begriff ›Relatives Gehirngewicht‹ zu erklären, zeigte ich ihnen ein Bild von einem Blauwal, neben dem ein Mensch schwamm und fragte:

»Wer hat ein größeres Gehirn, der Mensch oder dieser Wal?«
»*Der Wal!*«
»Wer ist intelligenter, der Mensch oder der Wal?«
»*Der Mensch!*«
»Und wer kann diesen scheinbaren Widerspruch aufklären?«
»*Der Wal!*«

Super

»Na, liebe Lea, da hast du uns ja eine schwierige Frage gestellt. Aber wir haben eine Antwort gefunden, und zwar im Internet.« – »Du hast im Internetz nachgeschaut, ich habe die Wettertante gefragt, die ist hübscher.« – »Also, liebe Lea, Rolf Rüdiger hat die hübsche Wettertante gefragt und darf jetzt seine hübsche Antwort geben. Wiederholst du bitte noch einmal deine Frage?« – » - - - « – »Lea, bist du noch dran?« – »Ja. Meine Frage war, welches Tier bewegt sich mit nur einem Fuß vorwärts?« – »Darf ich's wirklich sagen?« – »Ja, Rolf Rüdiger, sag es endlich!« – »Ich sag's jetzt. Es ist eine Weinbergschnecke! Hab ich recht, Lea?« – »Nein, das ist falsch! Es ist ein Fus, ein Fuss, ein Fusskre, ein Fusskrebs!« – »SUPER!« – »Na, liebe Lea, da haben wir uns getäuscht. Und du bekommst ein ›Super‹ und einen wunderschönen Preis!«

Szenenwechsel: »Lea, jetzt sag schon, welches Tier kann sich mit nur einem Fuß fortbewegen?« – »Der Fusskrebs!« – »Lea, was redest du? Erstens heißt das Tier Flusskrebs und zweitens gehört es zu den Zehnfußkrebsen und hat, was der Name leider nicht ausdrückt, deutlich mehr Extremitäten. Setz dich und schau dir das Kapitel mit den Schnecken noch einmal an. Die sind es nämlich, die einen Körperteil zur Fortbewegung haben, den man Fuß nennt.«

Die Rätselratte Rolf-Rüdiger von Radio Wien und Robert, sein kongenialer Partner von WOW, das heißt wohl in der Hundesprache ›Wissen oder Was‹, lassen Kinder wissen, dass sie immer Recht haben, welchen Stuss sie auch immer daherreden.

Hätte ich eine Schülerin belobigen sollen, die auf die Frage, was ein Relais sei, antwortete: »Das ist eine Schulter«? Ich versuchte diese unsinnige Antwort abzuschwächen. »Ich bin zwar auch dein Bio-Lehrer«, sagte ich, »aber jetzt haben wir Physik.« Da ich sie als gute Lernerin kannte, dachte ich an einen

Lapsus Linguae, den sie gleich ausbessern würde. Sie war vierzehn und hatte gute Noten. Aber sie beharrte darauf, dass ein Relais eine Schulter sei. Ja, vermutlich lag es daran, dass sie eine gute Lernerin war. Sie hatte brav gelernt. Was im Heft geschrieben stand, hatte sie auswendig gelernt. Im Heft hätte aber statt Schulter Schalter stehen sollen. Verstehen Sie? Ein Relais ist nämlich ein elektromagnetischer Schalter. Ein schlampig geschriebener Buchstabe und schon hatte das Wort einen ganz andren Sinn. Die Schülerin verstand die Welt nicht mehr. Und ich frage mich, ist das ›Wissen oder Was‹? Kein »Super« von Rolf Rüdiger und Robert, sondern ein Kopfschütteln von Manfred Vesely. Wie viele SchülerInnen haben in den so genannten Lernfächern gute Noten, ohne dass sie nennenswerte Kenntnisse aufzuweisen haben? Ist es denn schon eine Lernleistung, wenn man einen Text auswendig hersagen kann? Können Sie schon Rad fahren, wenn Sie »Gleichgewicht halten, linkes Pedal belasten, rechtes Pedal belasten«, herbeten können? Ohne Praxis am Gerät wohl nicht. Sie hätten über das Radfahren nur Schulwissen. Das Wörtchen ›nur‹ ist hier abwertend gemeint.

Abschließend eine Frage: Was, denken Sie, hat wohl ein Oberstufenschüler gedacht, als er in einem Biologietest Folgendes schrieb: Die fünf Gehirnabschnitte des Menschen heißen in richtiger Reihenfolge Hammer, Amboss und Steigbügel.

Spiegelungen

Sind Sie manchmal enttäuscht? Ja? Herzliche Gratulation! Sie sollten dann froh sein, nicht mehr getäuscht zu sein. Was Wahrheit ist, müssen wir hier nicht diskutieren. Über die Wirklichkeit nachzudenken, lohnt schon eher. Was wirklich ist, also was auf uns wirkt, ist sicher von Mensch zu Mensch verschieden. Was für den einen real ist, bemerkt der andere möglicherweise gar nicht.

Haben Sie schon einmal darüber nachgedacht, ob Spiegelbilder reelle Abbildungen der Gegenstände sind, oder virtuelle? Physiker diskutieren diesen Unterschied, es liegt aber an uns Lehrern, ihn den Schülerinnen und Schülern klar zu machen. Das ist ein schwieriges Unterfangen, glauben Sie mir das.

Was wird Ihrer Meinung nach von einem Planspiegel vertauscht? Sie meinen links und rechts? Irrtum. Vorne und hinten werden vertauscht. Überprüfen Sie das ruhig. In Ihrem Spiegelbild erscheint die linke Hand links, die rechte rechts. Sie sehen aber Ihre Nase, nicht Ihren Hinterkopf. Werden wir also von Spiegeln getäuscht? Nicht, wenn wir sie durchschauen. Ich meine, wenn wir ihr Wesen, ihren Trick durchschauen. Gewölbte Spiegel komplizieren die Sache sehr. Bei Konkavspiegeln kommt es sogar darauf an, ob sich der abzubildende Gegenstand außerhalb oder innerhalb der Brennweite befindet. Im ersten Fall entsteht ein reelles, umgekehrtes, im zweiten Fall ein virtuelles, aufrechtes Bild. Konvexspiegel erzeugen immer virtuelle, aufrechte und verkleinerte Bilder. Kompliziert nicht?

Können wir unter allen Umständen die Grenzen zwischen optischen Täuschungen, Einbildungen und virtuellen Bildern wahrnehmen? Und kann es sein, dass sich unser Gehirn manchmal weigert die Realität virtueller Bilder anzuerkennen oder wenigstens zu diskutieren?

Wie interpretieren Sie das Ende folgender Geschichte?

Einmal zeigte ich einer 4. Klasse, die schon die Eigenschaften des Planspiegels kannte, einen Konvexspiegel. Die erste Schülerin, die hineinblickte, sagte nach langer Überlegung: «Das bin ja ich!« - »So weit so wenig überraschend«, antwortete ich, »aber fällt dir vielleicht noch etwas auf?« - »Ich bin kleiner« - »Ja, das ist richtig beobachtet. Kannst du mir einen Grund dafür nennen?« - »Nein!« Die zweite Schülerin, die ihr Spiegelbild betrachtete, sagte: »Ich bin kleiner da drinnen!« - »Kannst du mir eine physikalische Ursache für dieses Phänomen nennen?« - »Nein!«

Dann hielt ich den Spiegel vor John-Pauls Gesicht und dieser sagte ohne zu zögern: »Alles ganz normal!«

Quizmaster

Seit Armin Assinger im ORF die Millionenshow moderiert, laufen in unseren Schulen die mündlichen Prüfungen anders. Da kann man von Seiten des Prüflings hören: »Welche Joker hab ich noch?«, oder »ich möchte meinen Biologielehrer anrufen.« Und wir Lehrer haben auch schon so mancher und so manchem Unschlüssigen den Fifty-Fifty-Joker angeboten.

Prüfungen haben immer auch einen gewissen Showcharakter, Lampenfieber eingeschlossen. Bei besonders nervösen oder schwachen KandidatInnen konnte man schon durch die vorsichtige Formulierung einer Frage Hilfestellung leisten. »Bist du, wie ich, der Meinung dass … ?«, war ein bewährter Anfang von so genannten Rettungsfragen, also Fragen, die ein gutes Ende einer Prüfung gewährleisten sollten. Wenn Sie jetzt an Schiebung denken, liegen Sie falsch. Manche Prüfungen sind aus Lehrersicht nicht so wichtig. Es sollte auch, wie ich meine, nie auf eine einzige Antwort ankommen, ob eine Schülerin oder ein Schüler eine positive Zeugnisnote bekommt oder nicht.

Manche Leute zieren sich richtig, wenn sie zu einer angekündigten mündlichen Prüfung aufgerufen werden. Eine Viertklasslerin, ihren Namen werde ich aus Gründen des Datenschutzes verschweigen, war erst zu bewegen aus der Bank vorzutreten, als ich ihr 10 Freiminuten zusicherte. Wie sich herausstellte, hatte sie gewisse Vorahnungen den Ausgang der Prüfung betreffend, das Stoffgebiet betreffend leider nicht. Nach einer Mischung aus unsinnigen Behauptungen zum Bau des menschlichen Auges und grotesken Tafelzeichnungen von diesem Organ stellte ich eine zweite Frage aus einem anderen Wissensgebiet. Die Fragen zum Auge wählte ich, weil ich meinte, jemand der täglich viel Zeit aufwendet, um einen Körperteil zu bemalen, könnte irgend etwas über ihn wissen. Irrtum. Die

Form der Linse war ihr ein Rätsel, für die Iris fand sie die Bezeichnung Stäbchen und so weiter.

Leider versemmelte sie auch ihre zweite Aufgabe, die da lautete: »Nenne mir irgendwelche Hormone.« Die Hochpubertierende flötete hoffnungsvoll: »X und y!«

Ein Altersgenosse und Bruder im Geiste musste sich durch eine mündliche Prüfung eine Testnote ausbessern. Schon bei der Rückgabe des missglückten Biologietests lieferte er ein Bonmot. »Wie viele Fünfer gibt's?«, fragte er mich. »Ich muss leider sagen«, antwortete ich ihm, »der Test ist sehr schlecht ausgefallen. Es sind ein Dutzend!« Der Schüler wich erschreckt zurück und stammelte: »Zehn?«

Bei seiner Prüfung bekam er nach einer verpatzten Antwort eine Rettungsfrage: »Was weißt du über das Mittelohr?« Seine Antwort war: »Hummer, Amboss und Steigbügel«. »Du nennst ein Tier«, warf ich ihm vor, »ein Arbeitsgerät eines Schmiedes und ein Reitutensil? Was haben diese drei Sachen im Mittelohr zu suchen?« Mit Bedacht antwortete er: »Das sind Hormondrüsen!« Es gibt ja Leute, die die Existenz eines Mittelohres leugnen. Nach deren Meinung gäbe es nur ein rechtes und ein linkes Ohr. Aber das sind Spitzfindigkeiten.

Eine Woche später hatte er die nächste Chance: Als er bei der Frage nach dem Ohr von einer »Muschel« zu sprechen begann, unterbrach ich ihn lieber. Womöglich hätte er noch eine »Schnecke« vorgebracht. Tiere lagen ihm nicht. Über Blutgruppen wusste er einiges. Karl Landsteiner, so sagte er, habe 1940 die Rhesusäffchen entdeckt.

Kinder spielen gerne und ich, ehrlich gesagt, auch. Im Unterricht fand sich daher oft eine Gelegenheit, das Angenehme mit dem Nützlichen zu verbinden. Wir machten ein Quiz. Ich versprach den Kindern, ältere SchülerInnen waren nicht so interessiert daran, nach den wissenschaftlichen Neuigkeiten der Unterrichtsstunde die Stundenwiederholung als Quiz durchzuführen. Alle SchülerInnen erhoben sich von den Plätzen und ich begann zu fragen. Und zwar begann jede Frage mit »Ist es richtig, dass …?«. Wer bejahte, hob die Hand, wer verneinte, nicht. Die Unrecht hatten, schieden aus und setzten sich. Nach diesem KO-System kamen wir bald zu einem Ende. Die Siegerin oder der Sieger bekam einen kleinen Preis, meist eine alte Zeitschrift. Angeblich hätte ich Fangfragen gestellt. Meistens überhörten meine SchülerInnen aber ein wichtiges Wort in der Fragestellung. So trainierten wir auch das aufmerksame Zuhören. Dass ich als Lehrer die Spielregeln machte, war auch nicht jedem recht.

Dass es mit den Jahren immer schwieriger wurde, jugendtaugliche Fragen zu finden, fiel mir auf. Doch eines Tages, ich spielte in einer letzten Stunde vor irgendwelchen Ferien mit einer dritten Klasse, wurde mir klar, dass ich einer anderen Generation angehörte als die Spieler. Die Frage in dem Quiz, das wir ähnlich dem Trivial Pursuit spielten, lautete: »Welches immer noch existierende Gesangsensemble sang schon, wenn auch in anderer Besetzung, Kaiser Maximilian I vor? Die richtige Antwort wäre »Die Wiener Sängerknaben« gewesen. Die SchülerInnen steckten die Köpfe zusammen und gaben nach langer Beratung die Antwort: »Smoky!«

Kindermund

»Gesundheit!«, riefen die Schüler fröhlich, wenn man ein Niesen nicht verhindern konnte. Peinlich genug, dass man vor der Klasse explodierte, die allgemeine Aufmerksamkeit half da wenig. Man musste wohl mit den Kindern darüber reden, dass es nämlich höflich wäre, das kleine Malheur einfach zu ignorieren. Sie meinten es aber gut und zeigten beim nächsten Mal ihre Aufmerksamkeit dadurch, dass sie im Chor »Gesundheit« brüllten. Wissen Sie, woher diese Sitte kommt? Aus der Pestzeit. Wenn sich damals bei jemandem eine Erkältung zeigte, konnte das ein erstes Anzeichen einer Pesterkrankung sein. Da wünschte man ihm schon im eigenen Interesse aus ganzem Herzen Gesundheit.

Laut WHO ist ein Mensch gesund, wenn es ihm in körperlicher, geistiger und sozialer Hinsicht gut geht. Fühlen Sie sich ganz gesund? Manchmal behaupte ich gesund zu sein, obwohl ich mich nicht ganz wohl fühle, aber psychisch stark bin und dadurch glaube, das labile Gleichgewicht zwischen Gesundheit und Krankheit in absehbarer Zeit wieder herstellen zu können. Oft hört man die Meinung, es gäbe psychosomatische Krankheiten. Ich meine, es gibt nur solche. Im Übrigen glaube ich, dass es nur eine Krankheit gibt. Es gibt ja auch nur eine Gesundheit.

Oft gewährten mir meine SchülerInnen mit ihren Wortspenden einen Einblick in ihr Bild vom menschlichen Körper. Carina, ein Mädchen aus einer vierten Klasse, sollte bei einer mündlichen Prüfung über die Tätigkeit der Synapsen sprechen. Wir hatten im Unterricht über Neurotransmitter gesprochen, den Botenstoffen zwischen den Nervenzellen. Irgendetwas muss sie missverstanden haben, denn sie sagte: »Vom Endknöpfchen schwimmen Neurotermiten weg!« »Und wenn sie nicht schwimmen«, fragte ich nach, »hat man dann Neurotermitis?«

Ist ein Patient mit Neurodermitis nun ein Fall für die Veterinärmedizin? Oder war das eine Fehldiagnose der lieben Carina? Diagnose kommt ja vom griechischen Wort diagignoskein, was genau erkennen bedeutet. Ja, die vielen Fremdwörter in der Medizin. Die alle richtig zu unterscheiden braucht Mühe und Geduld.

Als Kranker braucht man vor allem Geduld, das sagt eigentlich schon das Wort Patient. Es kommt vom lateinischen patiens, geduldig sein. Vertrauensvolles Erdulden war für die Kranken in den altgriechischen Heiligtümern, die dem Asklepios geweiht waren, in bestem Wortsinn Not-wendig. In diesen Zentren der medizinischen Therapie wurden sie in einen tranceartigen Schlafzustand versetzt, manchmal auch operiert, aber meist durch geduldiges Ausharren geheilt.

Einmal musste ich geduldig ausharren, um hinter ein sensorisches Geheimnis zu kommen. Angela, aus meiner ersten Klasse, hatte sich ein großes Stück von einem oberen Schneidezahn heraus gebrochen. Sie litt offensichtlich, ob wegen eines Schmerzes oder wegen der Einbuße ihre Schönheit war nicht zu diagnostizieren. Ich wartete geduldig. Erst nachdem eine Zahnärztin den Schaden behoben hatte, wagte ich zu fragen, ob sie Schmerzen gehabt habe. Sie antwortete: »Der abgebrochene Teil hat mir nicht wehgetan, der andere aber schon!« Mit der Überarbeitung der Definition des Begriffes ›Phantomschmerz‹ kann noch zugewartet werden.

Im Allgemeinen nehmen aber Kinder den Status Quo ihres Gesundheitszustandes bemerkenswert schnell an und sind auch, so scheint es, frei von jeder Sentimentalität.

Einmal verletzte sich meine kleine Enkelin, zum Glück nicht schwer. Da sie aber stark blutete, rief meine Tochter die Rettung. Lena, meine größere Enkelin, die damals dreieinhalb Jahre alt war, berichtete mir: »Und dann ist die Feuerwehr gekommen und hat die Raphaela mitgenommen!« – »Warst du traurig, als die Feuerwehr deine Schwester mitgenommen hat?«, wollte ich wissen. »Nein, ich hab mit der Tante Tom und Jerry geschaut.«

Ziemlich trocken ist auch die Pointe der letzten Geschichte, zumindest mir blieb die Spucke weg. Ein Schüler einer ersten Klasse erzählte im Unterricht von einer Krankheit seines Vaters. Er berichtete ausführlich, wo diesen was zwickte und welche Symptome sich wie an Muskeln, Leber, Nerven zeigten. Ich hätte gerne das Thema gewechselt, da die Schilderung persönlich zu werden drohte, da zeigte ein anderer Schüler auf, um uns zu erklären: »Meine Tante sagt immer, wenn sein Vater so weiter säuft, ist er bald tot!«

Engel zielen richtig

Was wünschen Sie sich zu Weihnachten? Den Weltfrieden? Alles andere hat man ja schon. Seit ich nicht mehr ans Christkind schreibe, begnüge ich mich mit dem, was meine Familie zu erfüllen vermag, mit Schwerpunkt auf Bescheidenheit. Obwohl, das mit dem Weltfrieden wäre schon was. Ein weitgestecktes Ziel ja, unrealistisch auch. Na gut, dann zielen wir eben auf etwas Erreichbares. Gewaltfreie Erziehung, wie wäre es damit? Es wäre doch gelacht, wenn es uns nicht gelänge die Erziehenden davon zu überzeugen, dass es keine g'sunde Watschen geben kann.

Über Erreichbarkeit von Zielen ist schon viel geschrieben worden. Die Regeln für die Zielsetzung, für die Zielformulierung, sind logisch erklärbar. In der Praxis misst man ihnen aber wenig Bedeutung bei. Nehmen wir zum Beispiel Clementine. Clementine, die Sanfte, ist frustriert und zwar heftig. Ihr Programm lautet: Keine Gewalt in der Familie. Sie kämpft gegen Gewalt in der Familie, schreibt gegen Gewalt in der Familie und protestiert gegen Gewalt in der Familie. Und das schon seit vielen Jahren. Sie kommt aber ihrem Traum von einem friedlichen Miteinander nicht näher. Macht sie womöglich etwas falsch?

Machen wir einen kleinen Test: Denken wir jetzt alle gleichzeitig an keine Ohrfeige. Achtung - fertig - los! - - - Woran haben Sie gedacht? Ich habe in Gedanken jemandem eine heruntergehauen. Kommt Ihnen ein Verdacht? Ich glaube, unsere Clementine schätzt die Fähigkeit des menschlichen Gehirns falsch ein. Sie meint vermutlich, es könne die Zukunft in negativen Bildern ausmalen. Das kann es aber nicht. Wenn das Gehirn das Wort Ohrfeige wahrnimmt, denkt es an eine Ohrfeige, in welchem Kontext diese Watsche auch immer geboten wurde.

Ziele muss man also positiv formulieren. Verneinungen wirken nicht.

Wenn alle Leute wüssten, was das Wort positiv in diesem Zusammenhang bedeutet, hätten wir eine gute Chance unser Ziel zu erreichen. Positiv heißt nämlich nicht gut und negativ nicht schlecht. Was sollte auch an einem positiven AIDS-Test gut sein? Positiv heißt hier Ja, negativ Nein, nicht mehr und nicht weniger. Das lateinische Wort negare bedeutet verneinen, nicht verschlechtern. Falls Sie überprüfen wollen, ob Sie ein negativ formuliertes Ziel erreichen können, rufen Sie ein Taxi und sagen: »Bringen Sie mich bitte nicht zum Rathaus!« Und warten Sie was geschieht.

Bedeutet Gewalt für sich allein genommen etwas Schlechtes? Negativ. Das Wort hat die indogermanische Wurzel ual und bedeutet stark sein, das damit verwandte lateinische valere bei Kräften sein. Schlecht? Warum besetzen wir Worte so gerne mit schlechten Bedeutungen? Womöglich ist sogar eine Ohrfeige beziehungsweise eine Watsche etwas Gutes? Was spricht das etymologische Wörterbuch? Eine Watsche ist ›was scharf‹ macht, ursprünglich ein Gedächtnis schärfendes Mittel. Wenn, zu Zeiten in denen kaum jemand lesen und schreiben konnte, der Vater dem Sohn, sagen wir, die neue Grundstücksgrenze zeigen wollte, nahm er ihn mit zu besagter Stelle, und gab ihm eine kräftige Watsche. Damit hat er dem Sohn die neue Grenze hinter das Ohr, wo das Gedächtnis vermutet wurde, geschrieben. Starke Emotion, ausgelöst durch Schmerz oder Zorn, schärft nämlich das Gedächtnis.

Um in der Vorweihnachtszeit den Weltfrieden wenigstens in der Schulklasse ausbrechen zu lassen und der Gewaltfreiheit, wie sie das des Lesens unkundige Volk versteht, mehr Raum zu geben, spielte ich mit meinen Zehnjährigen das Engerl-Bengerl-Spiel. Jedes Kind sollte ein Monat lang auf ein anderes Kind aufpassen, es behüten. Es sollte ihm behilflich sein und ihm hie und da mit einer Kleinigkeit Freude machen. Eine Regel aber gab es: Das Engerl durfte sich dem Bengerl unter keinen Umständen zu erkennen geben. Jede gute Tat sollte im Geheimen geschehen. Erst in der letzten Unterrichtsstunde vor Weihnachten, wenn jedes Bengerl von seinem Engerl ein Geschenk bekommen sollte, würde dieses Geheimnis gelüftet werden. Jedes Kind sollte gleichzeitig Engerl und Bengerl sein. Davon versprach ich mir einen besonders guten Effekt: Wie schön ist es zu wissen, dass man behütet ist. Das Los hatte zu entscheiden, wer wessen Schutzengerl werden sollte. In der Klasse gab es ein besonders kleines Mädchen und einen besonders großen Rowdy, seinem Körperbau und seinem Wesen nach. Sie ahnen schon was passierte. Als die besagte Schülerin, den Namen des wilden Raufers auf ihrem Los sah, nahm sie das mit einem kaum merklichen Zucken zur Kenntnis, schloss kurz die Augen, errötete leicht und setzte sich, beladen mit ihrem schweren Los, auf ihren Platz. Ihr Blick war nach innen gerichtet. Sie hatte ein klares Ziel vor Augen.

Kurz vor Weihnachten wurde ich Zeuge folgender Szene: Kaum hatte die Pause begonnen, stürzte sich der notorische Gewalttäter auf einen Mitschüler, um diesen zu verdreschen. Da sprang das winzige Mädchen blitzschnell auf ihn zu und haute ihm eine schallende Watschen herunter. Der kleinste aller Flöhe attackierte den mächtigsten aller Löwen vor der ganzen Klasse. Der Angegriffene blieb wie angewurzelt stehen, die Bewegung seines massigen Körpers fror ein, als ob eine himmlische Macht auf der großen Zeitmaschine die Stopp-Taste gedrückt hätte. Ich deutete seine starre Haltung als Ruhe vor dem Sturm, näherte mich schnell dem Standbild und sah im Gesicht des Geschlagenen ein verzücktes Lächeln und zwei vor Staunen weit aufgerissene Augen. Seinem Mund entströmte ein gehauchtes: »Jetzt weiß ich, wer mein Schutzengerl ist!«

Ich liebe es, verstanden zu werden

Ich glaube, jede Österreicherin, jeder Österreicher unserer Generation ist ihrer/seinerzeit auf Schulschikurse gefahren. Für mich waren das zweifellos die mit Abstand schönsten Schulwochen. Abgesehen von Annehmlichkeiten wie absolute Freiheit von Hausübungen und ähnlichen schulischen Verpflichtungen, wurde man nur von der Piste oder von einem Tiefschneehang geprüft. Mitschüler und Lehrer erlebte man fast privat, rund um die Uhr. Ein Ausnahmezustand. Einmal war unser Biologielehrer mit, ein witziger Mensch. Der Einfachheit halber nannten wir ihn Bio. Manchmal zeigte sich seine Nase stark gerötet, wie wir glaubten, ausgelöst durch ein Nasen rötendes Getränk. Falsch gedacht! Er war Abstinenzler. Lehrer haben bald ihren Ruf weg und dieser vererbt sich dann von einer Schülergeneration auf die andere. Das wusste ich. Dass ich einmal in Bios Fußstapfen treten würde, wusste ich damals noch nicht.

In den Achtzigern des letzten Jahrhunderts begleitete ich eine meiner vierten Klassen auf Wintersportwoche. Wir wohnten im Pepi Stiegler-Haus am Zettersfeld/Lienz. Da begab es sich, hier verlasse ich mich auf Augen- und Ohrenzeugen aus dem Schülerkreis, dass mitten in der Nacht, es wird so gegen zwei Uhr gewesen sein, ein Schüler dringend aufs Töpfchen musste. Als er ins Zimmer zurückkam, machte er so einen Lärm, dass er alle Zimmergenossen weckte. Um sie zu besänftigen, erfand er eine, wie er meinte, glaubhafte Geschichte. Im Speisesaal ginge es hoch her, die Lehrer würden tafeln und ordentlich bechern. Das wollte ein anderer unbedingt sehen und ging sofort nachschauen. Der Speisesaal war finster und leer. Kein Lehrer war voll. Nicht einmal einen leeren Lehrer konnte er erblicken. Nicht wegen der dort herrschenden Finsternis, sondern weil keiner da war. Das müssen Sie mir einfach glauben. Die Hotelbar war in einem anderen Teil des Hauses, der den Schülern selbstverständlich nicht zugänglich war. Zur Überraschung des ersten Schülers berichtete der zweite atemlos, vermutlich weil er zwischen Speisesaal und Zimmer drei Stockwerke überwinden musste, »da unten geht's zu. Alle Lehrer fett. Der Vesely liegt am Boden und grölt!« Beim Frühstück machte die Kunde von der feuchtfröhlichen Runde ihre ebensolche. Das kam mir zu Ohren. Ich zitierte den Nachrichtensprecher zu mir und forderte ihn auf, diese Geschichte bei allen Schülern umgehend richtig zu stellen. »Du weißt, dass das nicht stimmt«, sagte ich zu ihm, »was du da machst, ist Rufschädigung, die ich mir von dir sicher nicht gefallen lasse.« Er zeigte Einsicht und tat wie ihm geheißen. Doch, ich mache mir heute noch Sorgen um meine Impfnarben, wenn ich nur daran denke, in der Mittagspause hörte ich wieder dieses Gerede von betrunkenen Lehrern und meiner herausragenden Rolle. Jetzt war ich sauer. Nach einer Fuhr Beton für den Delinquenten kündigte ich ihm an, dass ich nach der Heimkehr nach Wien unverzüglich einen seiner Erziehungsverpflichteten vorladen würde. Für den Rest des Schikurses war zwischen uns Funkstille. Aber es knisterte. Einige Tage nach der Rückkehr kam die Mutter des Unholdes in meine Sprechstunde. Sie kam freundlich auf mich zu. Ihren Blick konnte man mütterlich nennen. Ihre Armbewegungen hätte Samy Molcho als beschützend bezeichnet. Und ihre Rede war wie folgt: »Aber Herr Professor, was regen Sie sich denn so auf. Mein Mann hat jeden Tag einen Schleuderer!« Ich liebe es, verstanden zu werden.

Gewissensfrage

Woher wissen Zugvögel, wann sie zu ihrem Flug nach Süden aufbrechen müssen? Ein Schüler beantwortete diese anspruchsvolle Frage kindlich brav. Er sagte: »Das sagt ihnen ihr Gewissen!« Dagegen kann man gar nichts sagen. Außer man möchte Wortklauberei betreiben und hinterfragen, ob es sich bei einer Instinkthandlung um Wissen handeln kann.

Wenn wir einen Namen für etwas haben, für eine bestimmte Verhaltensweise, beispielsweise den Namen Instinkt, glauben wir auch schon zu wissen, was das ist. Wir sagen, Instinkte seien nicht erlernt, also angeboren, vererbt. Mir konnte noch niemand schlüssig erklären, was bei angeborenen Verhaltensweisen vererbt wird, woher die Information des instinktiven Wissens stammt.

Unter Gewissen verstehen wir andererseits das Wissen über Richtig und Falsch, woher es auch immer kommen mag. Ge-Wissen ist eigentlich die Gesamtheit des Wissens, wie Gebirge die Gesamtheit der Berge ist. Darum war die Antwort des Buben gut. Die Vögel handeln zum rechten Zeitpunkt richtig, warum auch immer.

Wie fühlen sich übrigens Gewissensbisse eines Vogels an, wenn er dabei ist, den optimalen Zeitpunkt für den Abflug zu verpassen? Sind sie dem Gefühl vergleichbar, das wir kennen, wenn wir gegen besseres Wissen handeln? Das ist ungewiss.

Ich betreibe jetzt Wortklauberei, verwechsle diese aber nicht mit Wortglauberei, dem Verhalten, wenn man glaubt, den Worten anderer glauben zu müssen. Wissenschaftlich gewonnene Erkenntnis und Glaubenswissen forderten sich im Unterricht oft gegenseitig zum Streite. Darwin gegen die Bibel sozusagen. Wer war eigentlich Sieger im Streit zwischen Charles Darwin in der Rolle des studierten Theologen und Charles Darwin in der Rolle des Wissenschaftlers? Ich vermute Charles Darwin.

Welches Weltbild benutzen Sie, um von hier nach dort zu gelangen? Glauben Sie an die Richtigkeit Ihrer Straßenkarte, vertrauen Sie ihr? Sie ist, wie Sie sicher bemerkt haben, ein Abklatsch der Wirklichkeit, kleiner als das Land, das Sie bereisen und stark vereinfacht, damit Sie einen Überblick bekommen. Der Hersteller, dem Sie vertrauen, hat auf mindestens zwei Dimensionen verzichtet, um die Karte benutzerfreundlich zu machen. Die 3D-Landschaft wurde planiert, wurde zu einem 2D-Plan. Und die Zeit wurde eingefroren, sie steht auf der Landkarte still.

Als Wissenschaftler handeln wir auch so, wenn wir versuchen, den Überblick zu bekommen, wenn wir versuchen, uns ein Bild zu machen von, sagen wir, einem Atom. Unser Gehirn kann nur verarbeiten, was ihm die Sinne melden. Ein Atom ist unseren Sinnen aber nicht direkt zugänglich. Es ist zu klein, um gesehen zu werden. Es ist unanschaulich. Es ist nicht zu begreifen, auch wenn wir es uns vor stellen. Also machen wir uns ein Modell und bedenken hoffentlich, dass es sich vom Original unterscheidet.

So ist es auch in Fragen des religiösen Glaubens. Unser Gehirn neigt dazu, sich ein Bild von allem zu machen. Bibel hin, Moses her, wir machen uns ein Bild vom Begriff Gott und vergessen hoffentlich nicht, dass es sich vom Original unterscheiden muss. Im Buch Mose wird geschildert, wie Menschen ihr Bild von Gott anbeteten. Ja, das war ein Fehler. Da haben sie sich ganz schön verlaufen. Wenn SchülerInnen im Unterricht so weit gekommen sind, ihr Weltbild als richtig, nämlich in die richtige Richtung weisend, aber zumindest unvollständig, anzunehmen, war schon viel erreicht. Die meisten waren aber zu jung für diese Erkenntnis.

Wenn man SchülerInnen nach vielen Jahren bei Maturatreffen wieder sieht, sitzt man meist reifen Erwachsenen gegenüber, in denen eine Saat aufgegangen ist. Im Rückblick auf gemeinsame Erlebnisse muss man oft über kindliches Verstehen beziehungsweise Nichtverstehen schmunzeln. So sprach ich vor kurzem mit einem ehemaligen Schüler über eine Bioprüfung, die er vor vielen Jahren als Drittklassler abgelegt hatte. Wir hatten wochenlang über Landwirtschaft, Getreidefelder, Saat und Frucht gesprochen, als ich ihn fragte, was eine Monokultur sei. Seine Antwort ließ erkennen, dass er sich gewissenhaft auf die Prüfung vorbereitet hatte. Sie ließ auch hoffen, dass er nicht einseitig naturwissenschaftlich dachte: »Eine Monokultur ist«, sagte er, »wenn man nur an einen Gott glaubt!«

In Liliput

Als Kind liebte ich die Zwergerlkalender mit ihren lustigen Geschichten. Aus Sicht der Zwerge muss die Welt der Großen wohl voller Hindernisse sein. Stufen müssen mit Leitern überwunden werden, Bäche werden zu Strömen und Mäuse erscheinen bedrohlich wie T. rex. Ich nehme an, dass auch aus Schülersicht vieles, was uns Großen harmlos vorkommt, überraschende Aspekte hat.

»Welchen Zweck erfüllen Pilzfruchtkörper?«, fragte ich eine sehr kleine, um nicht zu sagen winzige Schülerin einer zweiten Klasse. Sie hatte im Unterricht gut aufgepasst und kannte von der vorigen Stunde her noch den Parasol. Ich hatte den Kindern gesagt, dass ›para sol‹ ›gegen die Sonne‹ heißt, dass also ein Parasol eigentlich ein Sonnenschirm ist. Kein Wunder also, dass diese kleine Person antwortete: »Pilze sind gut zum Essen und schützen vor der Sonne.«

Dass sich unsere lieben Kleinen manchmal eine Blöße geben, ist nicht weiter verwunderlich. Sie gehen ja schließlich ins Gymnasium. Das griechische Wort ›gymnazein‹ bedeutet ja ›nackt Turnübungen machen‹. Schon deshalb müsste die tägliche Turnstunde zumindest für Gymnasien Ehrensache sein. Tägliche Denkübungen darf man in diesen Anstalten übrigens bekleidet durchführen. EDU-Kinestetik-Anleitungen als ›Brain-Gym‹ zu bezeichnen muss aber zu Missverständnissen führen. Soviel zu den Denkhindernissen, die in der Welt der Erwachsenen lauern.

Ein Schüler erzählte einmal von einem ihm bekannten zwergwüchsigen Mann. Seine Klassenkameraden fragten, ob das ein Liliputaner sei. »Nein«, war die Antwort, »er ist, glaube ich, österreichischer Abstammung!«

Die Heimat großer Töchter und Söhne schließt, wenn man den Worten der Bundeshymne folgt, Kleinwüchsige aus. Ein Fall für den Verfassungsrichter? Kleiner als andere sein zu müssen verstößt doch gegen das Gleichheitsprinzip und sollte daher, so meine ich, nicht einfach hingenommen werden. Wo bleibt Peter Pilz?

Auch wenn unsere SchülerInnen groß sind, lebt noch das Kind in ihnen mit all seinen Verlassenheitsängsten. Das wurde mir klar, als ich kurz vor der Matura einer achten Klasse ein Video vorführen wollte. Der Beamer war schon eingeschaltet, die Rollo im Biosaal herunten, als ich bemerkte, dass ich die falsche DVD mitgenommen hatte. Ich fragte die Klasse, ob ich sie kurz allein lassen dürfe, um die richtige Scheibe zu holen und machte Anstalten aus dem Zimmer zu gehen. Da riefen sie mir flehentlich nach: »Licht bitte anlassen und Tür nur anlehnen!«

Man kann nicht alles wissen

Im Biologieunterricht nimmt das Thema Fortpflanzung großen Raum ein, unterscheidet diese Fähigkeit doch lebende Wesen von unbelebten Dingen. In unserem Leben ist Liebe in all ihren Formen fraglos Thema Nummer eins. Selbst Pubertierende finden es spannend, das tiefere Wesen der Sexualität zu erfahren. Arten, die anscheinend einfach gebaut sind wie einzellige Augentierchen lassen Schülerinnen und Schüler staunen. Wenn sie begreifen, dass sich diese Lebewesen, die übrigens pflanzlich und tierisch leben können, nicht nur durch Teilung vermehren, wie man es von Einzellern erwarten würde, sondern auch miteinander verschmelzen können, werden sie fast ehrfürchtig. Dann dämmert ihnen, was hinter Sexualität wirklich steckt: Selbstaufgabe, Einswerden. Mir tut es wirklich leid, dass manche Vertreter von Institutionen, die das Wort Liebe groß auf ihre Fahnen schreiben, diesen Teil des Lebens gering achten.

Es ist nicht leicht, derartig schwierige Themen mit Kindern im Klassenverband zu besprechen. Manche wissen nämlich, wie sie selbst sagen, alles. Andere wollen gar nicht alles wissen. So gelingt es nicht immer das Maß zu finden zwischen dem, was altersgemäß besprochen werden soll, und dem Wissensdurst Einzelner.

Das wurde mir klar, als an einem Elternsprechtag die Mutter eines Erstklasslers bei mir vorsprach. Sie betrat mit breitem Grinsen den Raum, setzte sich mir in immer noch bester Laune gegenüber und sagte: »Mein Sohn hat Ihren Unterricht über die Sexualität des Menschen sehr aufmerksam verfolgt. Es blieben aber einige Fragen, auf die Sie nicht in dem Maße, wie er es sich gewünscht hätte, wie es im Klassenverband vielleicht auch nicht möglich ist, eingegangen sind. Also habe ich ihm selbst von der Sexualität erzählt; ausführlich und sehr persönlich, so dass keine Fragen offen blieben. Krisztian hat sich all das mit großem Staunen angehört und hat dann mit leichtem Kopfschütteln gemeint: »Ich glaub, der Vesely weiß das nicht!««

Nichts als heiße Luft

Wieder hat eine Klimaschutzkonferenz nichts als heiße Luft produziert. ›Nach mir die Sintflut‹ scheint das Motto vieler Staatsleute zu sein. Ein EU-Politiker, der sich bei einer Wahlveranstaltung seiner Partei wähnte, riss andererseits den Mund besonders weit auf, als er den Treibhauseffekt »gefährlich« nannte. Wenn der wüsste! Ohne CO_2 und CH_4 in der Atmosphäre wäre es auf der Erde kalt wie am Mars. Der Treibhauseffekt ist nicht schlecht, sein von uns mitverschuldeter, allzu rascher Anstieg wird sich aber als gefährlich erweisen. Wissen und Macht gehen leider nicht oft Hand in Hand. Ob das Sprichwort ›Wissen ist Macht‹ jemals Gültigkeit hatte? In der Schule tun wir allerdings so. »Wer viel weiß, macht vieles richtig« suggerieren wir unseren SchülerInnen, als ob es keine moralisch bedenklichen Machtspiele gäbe. Haben Sie als Beobachter der politischen Szene den Eindruck, dass die Länder dieser klimageplagten Erde von moralisch hervorragenden Menschen regiert werden?

Möglicherweise überfordert die drohende Gefahr einer Klimaerwärmung auch nur unser Vorstellungsvermögen. Ein durchaus intelligenter Viertklassler erklärte mir und seiner Klasse ein bestimmtes Weltgeschehen mir folgenden Worten: »Man stellte fest, dass sich alle Sonnen von uns wegbewegen.« Sie haben es schon erraten. Er sprach von einem astronomischen Phänomen, nämlich von der Dehnung des Raumes. »Und woher weiß man das?«, fragte ich nach. »Weil es kälter wird!« Aus ihm wird einmal ein Politiker. Nur um seine fragwürdige These zu halten, stellt er unverzüglich eine neue Behauptung auf.

Vielleicht ist die Vorstellung, mit schuld an einer Klimakatastrophe zu sein auch nur zu schrecklich, um in unser Bewusstsein dringen zu können. Sehen wir deshalb die Zeichen an der Wand nicht? Ein Indiz für diese These lieferte mir Kamila als sie auf meine Frage, ob sie einen berühmten Physiker kenne, »Ja«, sagte, »Frankenstein!« Sie wird wohl Einstein gemeint haben.

Aber reden wir weiter von heißer Luft. Bei welcher Temperatur verdunstet Ihrer Meinung nach Wasser, bei 30°C, bei 60°C oder bei 100°C? Glauben Sie mir, unter Prüfungsstress würden Sie lange überlegen, vielleicht an den Luftdruck denken und möglicherweise dennoch falsch raten. Dabei sagt uns doch die Alltagserfahrung, dass die Haare nach dem Waschen bei jeder Temperatur trocknen. Warum verwenden wir dann aber einen Föhn? Oder heißt es Fön? Ein Blick in ein Herkunftswörterbuch ist jetzt angebracht: Der warme Wind, lesen wir hier, hat seinen Namen Föhn von fovere dem lateinischen Wort für erwärmen, während es einen elektrischen Föhn mit dem Markennamen Fön gibt. Aha, Unklarheit beseitigt. Richtig geschrieben heißt aber noch nicht verstanden. Beim Übergang vom flüssigen in den gasförmigen Zustand verbraucht Wasser Energie, die es der Umgebung entzieht. Beim Lufttrocknen der Haare könnte uns dadurch kalt werden, wie wenn wir uns nach dem Baden nicht abtrockneten. Außerdem beschleunigt ein Elektroföhn den Trocknungsvorgang, indem er dem flüssigen Wasser die zum Verdunsten benötigte Energie zuführt.

All das erzählte ich einer dritten Klasse im Physikunterricht. In der rechten Hand einen eingeschalteten elektrischen Haartrockner, in der linken einen feuchten Gegenstand zum Trocknen, war ich sicher den praktischen Wert dieses Elektrogerätes gut zu demonstrieren. Diese Illusion hielt bis zum Ende der Stunde. Dann fragte ich eine Föhn-Userin: »Conny, was macht der Föhn?« Ihre Antwort lautete: »WWWWWWWW!« Sie hatte keinen Prüfungsstress. Sie war gut aufgelegt, wie ja auch meine Frage keine ›Elferfrage‹, sondern ein gut aufgelegter Elfer war.

Physische Präsenz

In der nächsten Stunde habe ich Physik in der 4D, in meiner Klasse. Schon seit der Ersten bin ich ihr Klassenvorstand. In den ersten zwei Jahren waren wir eine Soziale-Lern-Klasse. Dank eines idealen Lehrerteams, der Unterstützung der Eltern und des Pädagogischen Instituts der Stadt Wien gelang uns vieles, wovon man in anderen Klassen nur träumen konnte. Wir lernten Lernen, führten selbst gestrickte Theaterstücke auf und arbeiteten an unserer sozialen Kompetenz. Keine Sorge, ich bremse mich schon ein. Meine Freude an dieser Klasse ist nicht aufgesetzt. Ich bin absolut kein Schwärmer, aber was gesagt werden muss, muss gesagt werden.

Wo viel Licht ist, ist viel Schatten, heißt es im Physikunterricht. Das stimmt auch in Bezug auf meine Leuchten. So licht ihre soziale Aura strahlt, so technisch unbegabt sind manche.

Jetzt ist zwar noch Pause, ich bin aber schon im Physiksaal, plaudere mit einigen SchülerInnen, die ihre Freizeit lieber im ruhigen Saal als am lauten Gang verbringen und baue nebenbei die Geräte auf, die ich für den heutigen Schauversuch brauche. Am Lehrertisch links, von der Klasse aus gesehen, stelle ich einen Transformator auf. Er ist blau. Rechts kommt ein Universalmessgerät hin. Es ist orange. Ich verwende immer dieselben Geräte und stelle sie immer an die gleiche Stelle, damit man sehen kann, dass es beim aktuellen Versuch darauf nicht ankommt. Dazwischen baue ich den neuen Teil der Versuchsanordnung auf. Das mache ich immer so. Heute werden wir einen neuen Aspekt der Induktion beobachten. Bald werden die SchülerInnen die Funktionsweise eines Generators verstehen. Da betritt Julia den Raum. Sie ist wie immer gut gelaunt. Ich will jetzt kein Klischee bedienen, aber ich muss etwas erwähnen, weil es der Wahrheit entspricht. Sie ist blond. Sie steuert ihren Platz in der ersten Bankreihe an, wirft einen Blick auf die Versuchsanordnung, strahlt mich an und sagt: »Ach, schon wieder dieser Versuch!«

War das nun ein Lichtstrahl oder ein Schlagschatten. Für mich eine Erinnerung, die mich in das Jahr 2003 zurück beamt. Es ist Ihnen hoffentlich aufgefallen, dass ich die Geschichte im Präsens erzählt habe. Wenn ich zurück denke, bin ich nämlich in der Gegenwart der handelnden Personen. Nette Erlebnisse sind mir immer gegenwärtig.

Jahre später, in einer anderen 4D, ein ähnliches Bild. Menschliche Lichtgestalten, deren Vorstellungskraft in technischen Dingen aber beschränkt war. Ich versuchte per Scheinwerfer Licht ins Dunkel ihres Schattenraumes zu bringen. Nun ist aber so ein Autoscheinwerfer ein kompliziertes Ding. Je nach Stellung des Schalters soll er Fernlicht oder Abblendlicht abstrahlen.

Als eine vermutlich sehr romantisch veranlagte Schülerin namens Conny bei einem schriftlichen Test eine Frage zur Biluxlampe las, nämlich warum bei eingeschaltetem Abblendlicht kein Licht nach oben strahlt, fragte sie mich: »Meinen Sie Abendlicht?«

Nachdem ich diesen Test korrigiert und benotet zurückgegeben hatte, kam Jana, eine andere Schülerin dieser Klasse, zu mir und fragte: »Wie kann ich in Physik auf einen Zweier kommen?« Nach einem kurzen Blick in den Notenkatalog sagte ich: »Arbeite gut mit. Sprich mit mir im Unterricht oder bei Wiederholungen.« Ihre Antwort wird mir ewig gegenwärtig sein: »Ich würde ja gerne mit Ihnen reden, wenn ich nur wüsste, wovon Sie sprechen!«

Doppelconference

Karl Farkas soll zu Ernst Waldbrunn gesagt haben. »Spiel du den Blöden!« Unverständlich, wo doch der Blöde eindeutig die bessere Rolle ist. Vielleicht hatte er Angst, diese Rolle würde auf seine Person als Simpl-Mind abfärben, wie eine farbtriefende Fellrolle auf einen Do-it-yourself-Maler.

Wenn man Doppelconference sagt, meint man meistens Farkas und seinen kongenialen Partner Waldbrunn. Doch als der weltgewandte Herr Berger den naiven Herrn Schöberl auf der Bühne in ein skurriles Gespräch verwickelte, war das eigentlich keine Conference mehr, wie das noch bei Emre Nagy in Budapest um das Jahr 1900 der Fall war. Dieser trat in seinem Kabarett vor den Vorhang, sagte als Conferencier eine Nummer an und widersprach sich in der Rolle des falschen Conferenciers sofort selbst. Er war ein Doppelconferencier. Mit Fritz Grünbaum ähnelte das Konzept des Karl Farkas noch Nagys Modell. Später wurde daraus ein Sketch, in dem der Blöde immer blöder wurde. Heute gilt in Österreich der als Meister des Kabaretts, wer imstande ist sich möglichst dumm zu geben.

Rasche Rede und Gegenrede mit kabarettistischem Charakter ergab sich hin und wieder spontan im Unterricht. Um witzig im Sinne von geistvoll zu sein, brauchte es von Seiten des ›Blöden‹ aber hohe Intelligenz.

Im Biologieunterricht spricht man mit Viertklasslern über Sinnesorgane, Gehirnbau und Intelligenz. Besonders interessiert waren meine SchülerInnen an den diesbezüglichen Unterschieden zwischen Frauen und Männern. »Was schließt ihr Mädchen aus der Tatsache, dass unsere männlichen Gehirne typischerweise größer sind als eure?«, fragten manche Buben. »Dass es auf die Größe nicht ankommt«, konterten helle Mädchen. Simpleminds unter den Knaben hörten das mit Genugtuung. »Spiel du den Blöden«, schienen sich die kongenialen

Partner in derartigen Streitgesprächen zuzurufen. Ein verbaler Schlagabtausch, ein regelrechter Geschlechterkampf entwickelte sich dann in der Klasse.

A propos Geschlechterkampf, nicht nur in Sticheleien von hoch Pubertierenden, auch in ernsthaften Publikationen ist oft die Rede vom Kampf der Geschlechter. So als ob ein Kampf zwischen Mann und Frau in einer Beziehung vorprogrammiert oder naturgegeben wäre. Das Gegenteil ist der Fall. Sie und er sind Part-nerin und Part-ner, also Teile von etwas. Teile wovon, werden Sie fragen. Na vom Ganzen, von der Partnerschaft. Als Mann und Frau sind wir geschaffen für das erfolgreiche Leben. Als kongeniale Partner sind wir ausgestattet mit verschiedenen Körpern und Psychen, die sich ergänzen. Geschlechtsdimorphismus erweitert das Spektrum der Möglichkeiten einer Art. Beim Homo sapiens gibt es Männer, weil es Frauen gibt. Wer immer vom Kampf der Geschlechter faselt, hat das, fürchte ich, noch nicht bedacht. Gemeinsamen Erfolg können Sie und Er aber nur haben, wenn sie gut kommunizieren, also gemeinschaftlich vorgehen. Tretet also vor den Vorhang, ihr Frauen und Männer, und sagt in einer wahrhaften Doppelconference den nächsten Akt eures gemeinsamen Lebens an!

Das kann ins Auge gehen

Bei Lichte besehen war es keine kluge Entscheidung, den Mathematikprofessor um ein Gespräch unter drei Augen zu bitten. Dieser hatte zwar ein Glasauge, aber kaum Humor. Der Schüler, der das tat, hoffte, dass sein Gegenüber angesichts seiner augenfälligen Rechenschwäche ein Auge zudrücken würde. Er konnte nämlich kaum die Augenanzahl der ins Auge stechenden Seiten zweier Würfel addieren. Viele wären dem gestrengen Herrn nicht einmal augenzwinkernd unter sein Auge getreten. Bei der anschließenden Maßregelung, die im alttestamentarischen Geiste nach dem Motto ›Auge um Auge‹ verlief, blieb dann aber auch kein Auge trocken. Der allzu Mutige hatte den Eindruck, sich im Auge eines Wirbelsturms zu befinden. Sein Körpergefühl war im Augenblick des Blitzeinschlages so, als ob er die Augen für immer schließen würde.

Der Lehrer, von dem hier die Rede ist, war in den 1970er-Jahren Administrator unserer Schule. Oberstudienrat R. hatte ein strenges Auge auf die Einhaltung unseres Dienstplans. Vor fehlerhaften Übertragungen ins Realgeschehen konnte er die Augen nicht verschließen. Selbst nachts machte er kaum ein Auge zu. Wie ist es sonst zu erklären, dass er mich einmal um zwei Uhr anrief, um mich auf eine Supplierstunde am nächsten Morgen hinzuweisen.

Was habe ich mit der Schilderung obiger Szenen im Auge? Ich möchte Sie darauf hinweisen, dass das oft genannte Sinnesorgan ohne Zweifel unser wichtigstes ist. Wir Menschen sind Augentiere, wie Biologen sagen.

Beim Kauf einer neuen Kamera würde doch jeder vernünftige Mensch die Gebrauchsanleitung genau lesen. Man möchte das gute Ding ja optimal nutzen und Beschädigungen vermeiden. Seit es nur mehr automatisch gesteuerte Fotoapparate zu kaufen gibt, sind den Kindern Begriffe wie Blende, Verschluss und Tiefenschärfe unbekannt. Beim Wort Linse denken die meisten nur mehr an Speck und Knödel. Da die optischen Teile unserer Augen denen der Kameras funktionell und bautechnisch ähnlich sind, ist ihr Verständnis in dieser Beziehung ähnlich gering. Für mich als ihren Lehrer war die Altersweitsichtigkeit erlebte Gegenwart, für manche SchülerInnen undurchschaubarer Stoff.

Der fünfzehnjährigen Robin schrieb als Antwort auf die Frage nach den Ursachen der Altersweitsichtigkeit: »Die Pupille ist locker!« Robin wusste sicher, dass es zwischen den Wörtern Loch und locker über die Luke einen etymologischen Zusammenhang gibt. Wissen Sie, was Pupilla auf Deutsch heißt? Es bedeutet Püppchen, da man sich in der Pupille des anderen verkleinert sehen kann. Die Hornhaut wirkt dabei wie ein Konvexspiegel. Die Altersweitsichtigkeit kommt, wenn wir schon davon sprechen, von der nachlassenden Elastizität der Linse. Sie kann ihre dickbauchige Form nicht mehr einnehmen. Wenn einem beim Lesen die Arme zu kurz werden, ist es Zeit für eine Lesebrille. Wenn sich im Alter die Linsen trüben, starrt man, um überhaupt noch etwas sehen zu können. Davon kommt der Begriff Star, nicht vom Stern. Seit meinen Staroperationen denke ich übrigens nicht mehr an meine natürlich gewachsenen Linsen. Aus dem Auge, aus dem Sinn.

Nicht minder schwer scheint es, sehen Sie, ich verwende schon wieder Worte aus dem Bereich des Schauens, die Anpassung an wechselnde Lichtverhältnisse zu durchschauen. »Die Adoption ist hell und dunkel«, schrieb einmal jemand kryptisch. Dabei ging es gar nicht um die Annahme von verschiedenfarbigen Kindern, sondern um das Adaptieren. Hellsehen, ist meiner Meinung nach leichter als das Sehen bei Dunkelheit, schließlich sind die Augen Lichtsinnesorgane. Zum Schwarzsehen genügt eine Portion Pessimismus.

Da wir aber die Sache von der wissenschaftlichen Seite angehen, wäre noch zu klären, was der Trinkspruch Prost mit dem

Lebensglück zu tun hat. Keine Sorge, ich habe das Thema unserer Betrachtungen nicht verlassen, ich möchte auch nicht über Alkoholismus schreiben.

Im Englischen könnte man statt cheers »here's looking at you«, sagen. Humphrey Bogart sagte das in Casablanca auch. In der Deutschen Synchronisation wurde daraus »schau mir in die Augen, Kleines«. Tief in die Augen schauen, in den Spiegel der Seele, ist durch die Pupille möglich, durch die Luke, von der sich, was viele nicht wissen, das Wort Glück herleitet. Wenn nämlich ein früherer Seefahrer im Sturm die Luke schließen konnte und durch eigene Tüchtigkeit sein Leben retten konnte, hatte er Geluke. Das wurde auch in andere Lebensbereiche übernommen und mutierte zum Wort Glück. Erhoffen Sie sich bitte, das sage ich Ihnen so nebenbei, kein ewiges Glück. Es wäre doch unsinnig bei bestem Segelwetter mit geschlossener Luke zu fahren. Schließen Sie lieber die Augen und träumen Sie vom Glück. Dann sind Sie auf der sicheren Seite.

Schwarz sehen ist einfach, wenn man keine Rundfunkgebühren zahlt, aber schwierig, wenn es um das Wahrnehmen geht. Denn Schwarz ist eigentlich das Fehlen von Licht und kann deswegen nicht gesehen werden.

Ich weiß nicht, was Jacky, ein lieber Erstklassler, von all dem wusste. Er gab jedenfalls im Unterricht auf die gar nicht so leicht zu beantwortende Frage, warum die Pupille schwarz sei, die Antwort: »Weil's im Hirn finster ist!«

Wissen ist Macht

Als ich ein kleiner Bub war, hatte ich große Angst vor den Tschechen, genauer gesagt, vor den Leuten aus Böhmen, den ›Behm‹, wie wir zu Hause sagten. So ein ›Behm‹ hatte nämlich, wie in den Radionachrichten gesagt wurde, eine ganze Stadt verwüstet. Es war ein Erdbeb'n. Erst als die Schwester meiner Oma, eine freundliche, schmächtige Dame, aus der Tschechoslowakei zu Besuch kam, stiegen Zweifel an der Berechtigung meiner Sorge auf. Ach, hätte mir doch jemand die Sache erklärt. Wissen hätte mir die Angst genommen.

Vulcanus, der Gott des Feuers, bedroht mit seinen Kräften viele Gegenden der Erde. Wirklich sicher ist man nirgends. Und die Wissenschaft ist machtlos. Dennoch hat man schon Geologen wegen falscher Prognosen verurteilt, weil sie von einem Erdbeben im Voraus nichts gewusst haben. Pro gnosis heißt nämlich Vorauswissen. Nach diesem Kriterium müssten wir alle unser Leben im Gefängnis verbringen. Weil wir zwar wissen wo und wann Erdbeben aufgetreten sind, aber wann dort wieder mit einem Beben zu rechnen ist, kann man nicht messen.

Dass Beben nie alleine auftreten, wurde mir während einer Unterrichtsstunde klar, in der ich einer dritten Klasse die Subduktion erklären wollte. Meine Kreidezeichnung an der Tafel war meiner Meinung nach übersichtlich. Da sah man eine ozeanische Platte, die unter einer Kontinentalplatte, als Beispiel hatte ich Südamerika gewählt, abtaucht. Subducere heißt ja hinunterführen. Und ich malte einige Sternderl an die Stelle, wo die Platten Kontakt zueinander haben, wo sich also über Jahre hinweg Druck aufbauen kann, der sich wieder mit Macht entlädt, wenn die Platten in Sekundenschnelle einige Meter weiterrutschen. In der Legende stand bei den Sternderln ›Erdbebenherde‹. Da hob eine Schülerin die Hand und wollte wissen: »Wie groß ist eigentlich so eine Erdbebenherde?«

Da verschwindet vor unseren Augen ein Teil des Erdbodens und an anderer Stelle können wir zusehen, wie sich neue Erdkruste bildet. Es ist also nur eine Frage der Zeit, bis alle Spuren der Menschheit verschwunden sind. Das ist dann die Zeit, in der die Erde sich in einem letzten Beben schütteln wird und zur Venus sagen kann: »Jetzt geht es mir wieder gut. Ich hatte den Menschen!«

Nur Geduld

Wenn die Kassierin an der Supermarktkassa, in deren Schlange ich zwischen zwei Frauen eingekeilt stehe, Mutter und Tochter ihren intimen Gesprächen nach zu urteilen, wenn diese Kassierin also sich anschickte an ihrem Arbeitsplatz mit einem Kind niederzukommen, wunderte mich das nicht. Das muss ja einmal so kommen. Es ist nur eine Frage der Zeit, bis das vor mir passiert. Was geschehen kann, geschieht früher oder später auch. Würde es vor jemandem anderen passieren, wäre es zwar auch nicht besser, dann stünde aber nicht ich vor dieser Geduldprobe. Da heißt es kühlen Kopf bewahren. Wiederholte Attacken eines Einkaufswagerls auf meine Achillessehne, das schnellere Weiterrücken an der Nebenkasse, das Lösen der Beziehungsprobleme der Tochter durch die Mutter, erläutert in allen Phasen, all das könnte einen anderen ungeduldig werden lassen. Nicht so mich. Ich fühle mich in einer solchen Situation sauwohl, weil sie mich trainiert. Das habe ich von Vera F. Birkenbihl, der großen deutschen Lernpsychologin, gelernt. Sie war, so wie ich, ein eher ungeduldiger Mensch. Sie hätte in der obigen Situation einen Trick angewandt, nämlich den Menschen, der sich anschickte ihr Nervenkostüm zu zertrampeln, augenblicklich zu ihrem Geduldcoach zu ernennen. Seit ich diese Methode praktiziere, weiß ich, dass so ein Coach nur auf der Welt ist, um meine Nerven zu stählen. Das Wissen, dass das Universum so auf mich schaut, entspannt mich. Was glauben Sie, wie viele Geduldcoaches in Floridsdorf und Umgebung herumlaufen? Sie saßen auch in den Schulklassen, in diversen Kanzleien und im Sprechzimmer meiner Schule gingen sie ein und aus. Am liebsten waren mir noch die Kinder, die mit naiven aber ewig gleichen, ehrlichen Fragen meinen Geduldsfaden stählten. In einem Schuljahr hatte ich nicht weniger als vier erste Klassen in Biologie zu unterrichten. An einem Wochentag, es war der Donnerstag, wie mir ewig in Erinnerung bleiben wird, hatte ich alle vier hinter einander. Um acht Uhr erklärte ich den lieben Kleinen den Bau und die Funktion der Bürzeldrüse. Um neun erklärte ich den SchülerInnen den Bau und die Funktion der Bürzeldrüse. Um zehn erklärte ich den Nervensägen den Bau und die Funktion der Bürzeldrüse und um elf wussten die Deppen immer noch nichts von der Bürzeldrüse.

Allen meinen jungen Coaches sei dieses Gedicht gewidmet:

Geduldsfrage

»Sagen sie mir, Herr Professor,
wird der Mond zunehmend größer?
Und wie macht er die Gezeiten?
Tut's dem Pferd weh, wenn wir reiten?
Sind wir Menschen wirklich Tiere?
Macht man Kidney Pie aus Niere?
Ist Sex anders als die Liebe?
Sind nicht pflanzlich alle Triebe?
Haben Affen auch Gedanken?
Macht uns 's dritte Bier schon schwanken?
Wer hat wie die Welt erschaffen?
Wie lange schlafen nachts Giraffen?
Ist die Masse ein Gewicht?
Warum spiegelt Glas das Licht?
Ist meiner Schwester Redeschwall
nicht ein Echo vom Urknall?
Pubertieren Ohrenquallen?
Kann der Orang Utan malen?
Ist Ozon nicht sehr gesund?
Atmen Bären durch den Mund?
Dehnt der Raum sich immer schneller?

Macht die Säure Schwarztee heller?
Kann das Vakuum man wiegen?
Wieso heißen Fliegen Fliegen?
Warum ist d' Pupille schwarz?
Was tut die Biene in dem Harz?
Ist im Glas der Rollmops roh?
Kann ich, bitte, schnell auf's Klo?
Ist die DNA 'ne Leiter?
Macht der Sauerstoff uns heiter?«
Weil doch sauer lustig macht,
ist die Frage angebracht.
       ???
Jede dieser vielen Fragen
zermürbte mich nach vielen Jahren
weil das Umfeld, sagen wir mal,
früher schon viel besser war.
Die Wissenschaft nennt das Ergebnis
Deja-vu-nimmer-Erlebnis.
Reicht mir einen Hut zum Draufhau'n!
Oder kann mich jemand aufbau'n?
       !!!
Oase für die müde Seele,
Lebensgeist- und Kräftequelle,
war so manche nette Klasse,
herausgehoben aus der Masse,
durch Höflichkeit und Freud am Lernen.
Hier erklärt und lehrt man gerne.
Zwischen Lehrern, Eltern, Klassen,
konnte so Vertrauen wachsen.
Da formt sich in mir ein Gedanke
und lässt die schlechte Stimmung wanken:
Zeigt der Umstand denn nicht an,
dass Geduld sich lohnen kann?
       !!!

Fragt nur weiter, liebe Kinder,
beispielsweise: Träumen Rinder?
Atmen Pflanzen Stickstoff ein?
Können Pommes fettfrei sein?
Sind Granaten Minerale?
Und so weiter - tausend Male.

Rehabilitation

Für manche Schüler ist Disziplin ein Fremdwort. Nämlich für die gebildeten, die wissen, dass das Wort Disziplin, auf Deutsch Selbstbeherrschung, von discipulus, dem lateinischen Wort für Schüler, kommt. Discipere, also geistiges Aufnehmen, ist die Tätigkeit des Schülers. Ein Fremdwort ist ein aus einer fremden Sprache übernommenes Wort, dessen Herkunft noch erkennbar ist. Mit der Disziplin unserer Schülerinnen und Schüler ist es also weit her.

Manche sollten sich aber selbst beherrschen, wenn es um den Einsatz von Worten geht, die ihrem Verstande fremd sind. Zumindest Erwachsene täten gut daran. Aus Kindermund klingen Vokabelfehler meist lustig. So erklärte mir einmal ein zehnjähriger Knirps im Brustton der Überzeugung, dass die Zahnfäule auch Caritas heiße.

Eine Steigerung erfährt die Komik einer Fehlübersetzung, wenn die aufgestellte Behauptung absolut, also für sich allein genommen, richtig ist, nicht aber in Relation zum Thema der Diskussion, aus der sie stammt. Wie zum Beispiel ein Satz aus dem Mund der zwölfjährigen Ines: »Ökonomisch ist«, sagte sie, »wenn man gemeinsam eine Messe feiert.« Richtig. Wenn man aber bedenkt, dass es in diesem Gespräch um die Trennung der Begriffe Ökonomie und Ökologie ging, brachte ihr Erklärungsversuch eher Verwirrung auf die bewohnte Erde. ›Bewohnte Erde‹ ist übrigens die genaue Übersetzung von Ökumene.

In wahre Begeisterung können mich Wortakrobaten versetzen. Einmal definierte ein Schüler in einem Prüfungsgespräch den Begriff Rezeptor mit einem einzigen Wort, was für seine verbale Begabung sprach. Das Wort war Arzt. Sie verstehen, Arzt für Rezeptor. Wie genial.

Für viele unserer Schulkinder ist Selbstbeherrschung kein Fremdwort, sie beherrschen selbst komplizierte Fachausdrücke. Dadurch wirken sie gebildet und genießen superkalifragilistisch expiallegorisch hohes Ansehen. Ich möchte aber die SchülerInnen rehabilitieren, deren Stärke in anderen Disziplinen liegen. Ob mir das mit folgender Geschichte gelingen kann, bleibt aber fraglich.

Als wir im Unterricht durch eine dumme Bemerkung gestört wurden, ermahnte ich den mutmaßlichen Bösewicht: »Georg, lass den Blödsinn!« Der Angesprochene verteidigte sich: »Das war nicht ich, das war der Klaus!« Als ich einige Minuten später Klaus dabei ertappte, wie er die dumme Bemerkung wiederholte, sagte ich zu Georg: »Georg, jetzt bist du rehabilitiert!« - »Warum denn, was hab' ich denn jetzt schon wieder angestellt?«

Telefonisches

Ich erhielt einmal einen Anruf: »Herr Professor, wo sind wir?« Ich betrachtete fragend mein Handy und sagte dann: »Das werdet ihr wohl besser wissen als ich.« Was Sie wissen müssen, um diese Situation zu verstehen, ich befand mich mit meiner vierten Klasse in Eastbourne/England und wartete an einem Treffpunkt auf zwei Schülerinnen, die noch nicht erschienen waren. »Wir haben uns verlaufen und wissen nicht, wo wir sind«, jammerte es wieder aus meinem Mobiltelefon. »Beschreib mir einfach, was du siehst, dann kriegen wir schon raus, wo ihr seid«, versuchte ich die Anruferin zu beruhigen. »Wir stehen auf einer Straße, nein auf einem Platz, vor einem großen Haus.« - »Maria«, sprach ich ruhig zu meinem Handy, »geh näher heran und schau, ob du eine Bezeichnung des Platzes lesen kannst.« - »An der Ecke des Hauses steht Burlington Place.« - »Das ist gut, da bin ich nämlich auch. Was steht auf dem Haus?« - »Auf dem Haus gibt es eine Inschrift. Moment, wir gehen näher. Da steht International Language School.« - »Na, dann öffnet schön die Tür und kommt herein.« Die letzten Worte mussten nicht mehr tausende Kilometer nach Österreich und retour übertragen werden. Maria und Lina standen vor uns und wir alle freuten uns sehr und priesen die Errungenschaften der modernen Technik.

Damit kann man nicht rechnen

Wie hat Ihnen Ihr heutiges Mittagessen gemundet? Sie hatten ein viertel Kilo Schweinefleisch auf dem Teller. Stimmt's? Das war leicht zu rechnen. Jeder Österreicher isst nämlich pro Monat statistisch gesehen 5 kg Schweinefleisch. Und heute hatten Sie Schwein, meine Frau und ich nämlich nicht. Wir waren eingeladen und bekamen Gemüselasagne vorgesetzt. Von unserer Nachbarin wissen wir positiv, dass sie Eiernockerl mit grünem Salat verzehrt hat. Da jeder pro Tag 0,16 kg Schweinefleisch isst und eine Portion Schweinsbraten, Schnitzel oder was immer, doppelt so groß sein soll und Sie Ihrer Partnerin/Ihrem Partner doch sicher nichts Minderwertigeres zugemundet haben, sollten Sie sich jetzt unbedingt ein Verdauungsschnapserl gönnen.

Ihr Mittagsmenü war also leicht herauszufinden. Woher stammen aber die statistischen Daten, also die Zahlen in der Angabe meiner Rechnung? Doch hoffentlich nicht aus Befragungen? Dann wären sie unzuverlässig. Nehmen Sie an, Ihr Internist würde Sie fragen, wie viele Verdauungsschnäpse Sie sich in der letzten Woche genehmigt haben, um Ihnen dann deutlich weniger zu genehmigen. Da brauchen Sie schon mehrere Internisten Ihres Vertrauens, um Ihre Schweinefleischmenge zu bewältigen. Sonst stimmen die Proportionen nicht. Wenn Sie pro Portion Fleisch nur ein halbes Stamperl trinken sollten, kommen Sie in Zugzwang. Versuchen Sie doch einmal ein halbes Stamperl zu bestellen, dann werden Sie die Unmöglichkeit des Unterfangens einsehen. Sie müssten dann von Arzt zu Arzt ziehen.

Aber kann man eigentlich den Methoden der Statistik trauen? Ein kluger Kopf soll einmal gesagt haben, er traue nur einer Statistik, die er selbst gefälscht habe. Das wird er aber wohl im Scherz gesagt haben. Man sollte sie nicht fälschen, sonst fällt man falsche Entscheidungen. Das wäre kein Gewinn. Durch kluges Handeln kann man aber seine Gewinnchancen verbessern, wie folgendes Beispiel zeigt. Ein Mann wagte es nicht mit dem Flugzeug zu reisen, da ihm die Wahrscheinlichkeit für eine Bombe an Bord zu hoch erschien. Da half kein rechnerischer Trick, sondern nur rechtes Handeln. Er nahm selbst eine Bombe mit. Die Wahrscheinlichkeit, dass zwei Bomben in einem Flugzeug sind, ist nämlich verschwindend gering.

Als ich einmal mit einer Klasse über die menschliche Haut sprach, zitierte ich eine statistische Angabe aus einem Lehrbuch. »Jeder vierte Mensch«, sagte ich, »ist von Haarbalgmilben befallen.« Das sind winzige Spinnentiere, die in den Haarbälgen leben, dort nicht weiter auffällig sind und den Talg der Fettdrüsen fressen. Viele Schüler begannen daraufhin durchzuzählen. »1 – 2 – 3 – 4, 1 – 2 – 3 – 4, 1 – 2, Gott sei Dank, ich nicht.« Ich schaute mir das eine Zeit lang an und sagte dann: »Da beginnt doch tatsächlich jeder Zweite durchzuzählen!« Worauf die Schüler »1 – 2, 1 – 2, 1 - 2« zählten.

Viele genau erhobenen Zahlen wirken vorerst unglaubwürdig, vor allem dann, wenn sie einen selbst betreffen. Das musste ich in einer zweiten Klasse erkennen, der ich einen total missglückten Bio-Test zurückbrachte. »Ich bedauere euch sagen zu müssen, dass 40% von euch einen Fünfer geschrieben haben«, musste ich ihnen mitteilen. Einer Schülerin schien das nichts auszumachen. Sie erwiderte mit einem entspannten Lächeln: »Aber Herr Professor, so viele sind wir doch gar nicht!«

Logik

»Wo leben Lachse?«, fragte ich einen Schüler bei einer Bio-Prüfung. »Das kann man nicht sagen«, war seine Antwort, »weil sie wandern«. Er bezeichnete meine Frage als unbeantwortbar, beantwortete sie aber im selben Atemzug richtig. Dafür gebührte ihm als Note mindestens ein 1-2. Es war immer eine Freude mit ihm oder seinesgleichen zu diskutieren. Die Lehre vom folgerichtigen Denken, konsequent angewandt, hob jedes dieser im wissenschaftlichen Rahmen geführten Gespräche auf ein höheres Niveau, quasi quantensprungmäßig. Darum sprang auch die Note des Prüflings sofort auf einen glatten Einser. Wir bewegen uns, wie gesagt, mit diesem Beispiel im Bereich der Logik, wie sie von Otto Normalverbraucher gebraucht wird. Nun kommt man aber in der Naturwissenschaft mit dieser simplen Form der Logik nicht weit. Wenn für eine glatte Rechnung Informationen fehlen, was in der Biologie fast immer der Fall ist, muss man auf andere Denksysteme zurückgreifen. Proteste wie »das ist doch unlogisch« werden dann zu erklärenden Kommentaren. Ein schlechtes Beispiel: »Welche Folgen kann die Überdüngung der Adria haben?« Otto Überdenkers Antwort: »Die Braunalgen wachsen schneller als die Seeigel hungern können!« Vor lauter biologischer Dynamik hört man hier richtiggehend das Meer rauschen. Wenn ich seinen Gedankengang interpretieren darf, so meinte er folgerichtig, dass folgerichtiges Denken in diesem Fall nicht ausreicht, um der Dialektik des Geschehens gerecht zu werden. Die Hunger-Wachstum-Spirale dreht sich wie ein Wasserstrudel fort und fort, ohne erkennbares Ende. Es wäre vollkommen unangemessen, hier einen logischen Schlussstrich zu ziehen. Das Leben ist ein offener Prozess ohne logisches Ende. Schluss.

Horrorszenarien

»Isobaren«, schrieb Alexander aus der 3C in einem Physiktest, »sind die Linien eines Zyklopen!« Wie soll man eine derartige Antwort bewerten? Wusste der Schüler etwa mehr als ich? In Hesiods Theogonie sind Zyklopen Gewitterdämonen. Aber waren sie gestreift?

Hatte ich meine Position als Vertrauensperson missbraucht, um meine SchülerInnen mit Horrorszenarien zu schrecken. Das war eigentlich nicht meine Art. Aber irgend etwas muss in dieser Richtung passiert sein, denn kurz darauf geschah in einer anderen dritten Klasse Folgendes: Ich wollte den SchülerInnen das Tiefdruckgebiet erklären und malte dazu ein großes T an die Tafel. Dann zeichnete ich einige Isobaren herum, beschriftete eine mit ›1000 Hektopascal‹, eine weitere mit ›995 hPa‹, bezeichnete die Richtung des ins Zentrum strömenden Windes mit Hilfe einiger gekrümmter Pfeile und gab dem Ganzen die Überschrift ›Zyklon‹. Während ich zeichnete war Florian auf seinem Sessel tiefer und tiefer gerutscht, er fühlte offenbar das Tiefdruckgebiet direkt über sich. Als ich fertig war, fragte er mit ängstlichem Blick: »Gibt es so etwas Gefährliches auch in Österreich?« Dabei hatte ich ihm gar keine Niederschläge prognostiziert. Vielleicht war Florian ein übertrieben empfindsamer Mensch, eine Mimose, mit einer Animosität gegen den Wind, zu dem die Griechen anemos sagten. Auf Fremdländisch klingen harmlose Begriffe manchmal ja auch schrecklich. Dabei heißt kyklos einfach Kreis.

Wäre die Erde ein ruhender Ort, könnten wir manche physikalischen Phänomene vielleicht besser verstehen. Da sie aber rotiert, drehen sich sogar Windrichtungen. Und wie sie sich drehen!

Beim nächsten schriftlichen Test in Florians Klasse wollte ich noch eins draufsetzen und fragte: »Wie sind die Windverhältnisse in einem Tiefdruckgebiet auf der südlichen Hemisphäre der Erde?« Dass sie im Gegensatz zur nördlichen Erdhälfte im Uhrzeigersinn verlaufen, sollte die Klippe in dieser Frage sein. Doch diese Klippe konnte Paul mit einem Satz überwinden und der lautete: »Gar nicht, denn das Tief ist auf der nördlichen Hemisphäre.«

Tiefdruckgebiete lagen meinen SchülerInnen nicht. So kam ich einer Schülerin mit einer Frage zum Hochdruckgebiet entgegen. Sie hatte sich auf die Prüfung gut vorbereitet. Sie wusste nämlich, dass seine Winde auf der nördlichen Hemisphäre im Uhrzeigersinn vom Zentrum wegwehen. Aber warum es auf der Südhemisphäre anders sein sollte, ließ sie grübeln. Nach langem Nachdenken rang sie sich zur Antwort durch: »Weil dort die Uhren anders gehen!«

Sehr geehrter Herr Professor

Welche Möglichkeiten hat der leidgeprüfte Lehrer, die sorgengebeugte Lehrerin, das Verhalten eines Kindes den von Schäfer-Elmayer und anderen Vortänzern empfohlenen Regel anzupassen? Als wir junge Ordnungsübertreter waren, mussten wir nach ordnungswidrigem Verhalten die Schulordnung abschreiben. Heutzutage, im Zeitalter des Kopierers, wird diese Methode von DirektorInnen, Eltern und SchülerInnen geringgeschätzt. Dass man beim biologischen Kopieren, also dem Abschreiben, durch das Lesen und Schreiben der Texte den Inhalt mehrfach reflektieren muss und dass dabei die durch die langwierige Beschäftigung mit der Materie entstehenden Emotionen die Aktiviertheit der Schreiberin, des Schreibers heben, wodurch erwiesenermaßen der Lerneffekt gesteigert wird, wird dabei, weil politisch unerwünscht, negiert. Sollten Sie den Inhalt des letzten Satzes nicht mehr ganz in Erinnerung haben, schreiben Sie ihn drei Mal ab und Sie werden mir Recht geben. Was ist also zu tun, wenn ein Schüler, so wie es Max zu tun pflegte, den Unterricht regelmäßig, aber nicht regelkonform störte. Wenn Ermahnungen nicht fruchten, wendet man sich vertrauensvoll an die Erziehungsverpflichteten. Damit diese nicht an der Richtigkeit der vorgebrachten Beschwerden zweifeln können, lässt man den Delinquenten am besten ein eigenhändiges Geständnis schreiben, das die Eltern nur noch zur Kenntnis zu nehmen haben. In der Hoffnung, dass ein klärendes Gespräch zu Hause einen Gesinnungswandel einleiten möge, habe ich diese milde Methode oft angewandt. Da stand dann im Mitteilungsheft von Max:

Ich habe im Biologieunterricht gestört.
 Unterschrift:
   Franziska Witzpointner

Ja, wenn die Mutter schon so ist, darf ich vom Produkt ihrer Erziehung auch nichts anderes erwarten.

Es hat sich bei uns eingebürgert »Entschuldigung« zu sagen, wenn man jemandem aus Versehen in die Quere gekommen ist oder dergleichen. Wenn man sich die Zeit nähme, müsste man eigentlich »ich bitte um Entschuldigung« sagen. Bei schriftlichen Entschuldigungen sollte man das auf jeden Fall so handhaben. Frau Verzeiher (Name selbstverständlich geändert) schrieb aus ihrer Sicht korrekt:

Sg. Herr Prof. Vesely

Ich entschuldige meine Tochter Gerda von den Turnstunden an denen sie nicht teilgenommen hat.

Hochachtungsvoll
Vivian Verzeiher

Ich habe das Fernbleiben von Gerda unter diesen Umständen auch entschuldigt.

Du dickes Tal

Es wird Zeit, dass ich eine Beichte ablege. Obwohl, wenn man es genau nimmt, und in militärtechnischen Dingen sollte man es genau nehmen, traf mich gar keine Schuld. Damals wurde auch nicht viel darüber gesprochen. Es war zu peinlich.

In meiner Zeit als Präsenzdiener war ich Kommandant eines schweren Richtfunktrupps. Das Gerät war gediegen, die US Navy hatte damit immerhin den Zweiten Weltkrieg gewonnen. Dieses Erfolgsmodell war auf der Ladefläche eines Lastkraftwagens untergebracht. Für den Betrieb mussten hohe Antennen aufgestellt werden. Nach heutigen Maßstäben war das Ding ein Rundstrahler mit einer Hauptrichtung, mit einem Sende-Empfangsteil, der von seinen technischen Fähigkeiten her im Vergleich mit einem heutigen Handy guter Zweiter wäre, nur tausend Mal größer. Bei einer Übung bauten wir unsere Relaisstelle auf dem Salzburger Gaisberg auf und richteten zwei Antennen so, dass wir mit der Endstelle in einer großen Kaserne nahe der Deutschen Grenze in Verbindung treten konnten. Es klappte wie immer. Unsere Dienstgespräche mit der Gegenstelle drehten sich um dienstlich Relevantes. Die Moral der Truppe ist dienstlich relevant. Was die Moral der Truppe hebt, ist es also auch. Gutes Essen hebt die Moral der Truppe. Die Qualität des Essens per Funk zu diskutieren, war demgemäß Dienst an der Truppe. Der Bataillonskommandant, mit einem Sendungsbewusstsein ausgestattet wie drei Bayern, übrigens ein studierter Altphilologe, ließ es sich nicht nehmen, von der Kaserne aus unsere Richtstrecke zu testen. Als er die Qualität der Verbindung, nicht die des Essens, bemängelte, er wurde nämlich von uns schlecht verstanden, bekam er von einem meiner Mitstreiter den Rat, doch einfach leiser zu sprechen. Das hatte leider den gegenteiligen Effekt und bekam dem Ratgeber nicht gut. In solchen Situationen ähnelte das Gehabe des Herrn Oberst dem eines Giftzwerges. Dann pflegte er nicht nur mahnend den Finger (lat. digitus) zu heben, sondern auch seine Stimme. Wir lebten also schon in den Sechzigern irgendwie im digitalen Zeitalter. Entsprechend (gr. analog) schlecht war die Gesamtheit der sittlichen Grundsätze (Moral) der angesprochenen Truppenteile.

Es war nicht unser Tag. Der Sendequarz, der uns vom verantwortlichen Offizier zugeteilt worden war, arbeitete, das sollte ich jetzt wohl erwähnen, auf der gleichen Frequenz wie der Radio-Sender Bayern 3. Das Wort Quarz kommt übrigens, alte Philologen wissen das, von querch, dem mittelhochdeutschen Wort für Zwerg, deren Zipfelmütze, wenn sie mit Stroh ausgestopft war, ein mittelalterlicher Helm war. Zwerge waren kleine Bergleute. Gartenzwerge haben ihren Beruf verfehlt. Schreiende Helmträger sollten ihre Wirkung auf ihre Umwelt testen und dann bedenken, im Zeitalter der digitalen Informationsspeicherung eine Kleinigkeit. Wir standen also auf einem ungefähr 1200 m hohen Berg und bliesen unsere Dienstgespräche, zum Glück verschlüsselt, in Deutsche Lande und störten so den Empfang von Bayern 3. Wie wir später erfuhren, hatten die Techniker des Bayrischen Rundfunks die Quelle der Störung bald geortet. Auf der Spitze des Gaisberges stand ein Sender des ORF, keine 200 m von unserem Standort entfernt. Im Sendehaus waren bald alle verfügbaren Kräfte dabei die Ursache der Störung zu eruieren. Erfolglos. Bis der Portier des Hauses die Techniker darauf hinwies, dass ›das Bundesheer‹ im Schatten des großen Senders übte. Mit mir hatte keiner Kontakt aufgenommen. Es erschien nur ein brummiger Typ von der Militärstreife und forderte mich auf, ihm den Sendequarz auszuhändigen. Dann ließ er mich ratlos zurück. Der Befehl zum Abbauen und Einrücken folgte. Der für die Ausgabe des Sendequarzes verantwortliche Tel-Offizier trat tags darauf mit gerötetem Gesicht und einen Kopf kürzer vor die Kompanie.

Wie schon oben erwähnt, verstand es der Bataillonskommandant laut zu sprechen.

An diese Episode musste ich jedes Mal denken, wenn ich im Physikunterricht der vierten Klassen bei den Themen Rundfunk und Telekommunikation angekommen war. Als wir wieder einmal die digitalen Signale und die Unterschiede zu den analogen besprachen, war auch die Rede von verschlüsselten Zahlenwerten. Ich hatte den Eindruck, dass nicht alle SchülerInnen verstanden, was ich mit dem Wort ›verschlüsselt‹ meinte. Also fragte ich nach. »Wer hat denn schon einmal etwas verschlüsselt?« Es meldete sich Tanja mit den Worten: »Heute habe ich meinen Spind verschlüsselt!«

Die Welt ist eine Bühne

Nicht für die Schule lernen wir, sondern fürs Leben. Für mich war das allerdings kein großer Unterschied. Von September 1955 bis August 2011 (in den Ferien wollte ich noch aktiv sein) ging ich in die Schule. Nur im Bundesheer-Jahr konnte ich mich etwas erholen. Drei Jahre Kindergarten und das Studium auf der Uni waren auch nicht wirklich schulfern. Ich habe also das österreichische Schulleben der letzten Jahrzehnte, für das ich, siehe oben, nicht hätte lernen sollen, als nicht enden wollende Lernübung erfahren und die Schule war Teil meines Lebens. Als Schüler bekam ich noch meine Tetschen (frühere Schreibweise), als Lehrer war mir eine Tätschen-neu verboten und zuwider. Sie hat sich doch gewandelt, unsere Schule.

Im Jahr 2000, als das GRG21 F21 sein 100-Jahr-Jubiläum feierte, machten wir, meine damalige 1E und ich, ein Theaterstück mit dem Titel ›Theaterstück‹. Darin thematisierten wir unsere Schulgeschichte. Das hört sich ziemlich trocken an, war aber ganz witzig, nicht das Recherchieren, nicht das Zusammenstreiten, wer welche Rolle spielen darf oder soll, aber das Proben und die zwei Aufführungen, die wir schafften. Wir waren eine ›Soziale-Lern-Klasse‹, das heißt, gruppendynamische Prozesse wie Kooperieren und Rücksichtnahme auf den jeweils Nächsten waren willkommene Lernübungen.

Der Inhalt unseres Stückes ist schnell erzählt: Die SchülerInnen (S) einer Klasse möchten das 100-Jahr Jubiläum der Schule würdig begehen und beraten mit ihrer Frau Klassenvorsteherin das Wie.

S3: *Machen wir ein Freudenfeuer unter dem Motto ›Hurra, die Schule brennt‹!*
S4: *Oder eine Woche Ferien! Man sollte das alte Haus schonen.*
S5: *Machen wir ein Theaterstück!*
S6: *Genau, machen wir uns ein Theater.*

In dieser Unterrichtsstunde kommen sie auf keinen grünen Zweig mehr und verschieben die Beratung auf die übernächste Stunde, in der die Frau KV wiederkommen sollte. In der anschließenden Physikstunde lässt die Frau Professor die Klasse unvorsichtigerweise mit einer Zeitmaschine in der Form eines Koffers alleine. Die Schulbehörde würde das als grobe Verletzung der Aufsichtspflicht bezeichnen, in einer SL-Klasse wäre das aber eher ein erzieherisch wertvoller Vertrauensbeweis. Wie dem auch sei, einige aus der Klasse erwiesen sich als nicht vertrauenswürdig. Drei SchülerInnen spielten mit dem Koffer herum und landeten prompt in einer Schulklasse des Jahres 1900. Dort wohnten sie unsichtbar und nicht hörbar dem Unterricht bei. Wie staunte das Publikum, und wie staunte schon Wochen vorher meine Klasse beim Lesen der Schulchronik über die Gebräuche vor hundert Jahren. Ein erfreulicher Nebeneffekt dieser Theatermacherei war dann auch, dass meine SchülerInnen danach mit ihrem Los sehr zufrieden waren. Nach den gehörigen Schrecken, der unseren Zeitreisenden in die Knochen gefahren war, überwog die Neugierde und sie reisten auch noch in die Jahre 1920, 1944, 1977 und sogar, das Gekeife der Physiklehrerin schien ohnedies nicht mehr vermeidbar, und weil es eh schon wurscht war, ins Jahr 2100. Machen wir einen kurzen Blick in eine Schulklasse des Jahres 1977:

Biolehrerin:	*Wiederholen wir, was wir in der letzten Biologiestunde durchgenommen haben.*
	Michaela, sag, was sind Eierlegende Säugetiere?
Michaela:	*Das dürfen Sie mich nicht fragen. Das haben wir schon in der vorletzten Stunde gelernt.*
Biolehrerin:	*Und das darfst du jetzt nicht mehr wissen?*
Michaela:	*Darum geht es nicht. Nach dem neuen Schulunterrichtsgesetz darf der Lehrer bei einer Stundenwiederholung nur den Stoff der letzten Stunde prüfen.*

Biolehrerin:	*Also früher waren die Kinder fleißiger, und nicht so frech.*
Michaela:	*Wieder falsch. Wir sind nicht frech, wir wissen nur, welche Rechte wir haben.*
Biolehrerin:	*Wenn ihr euch genauso um eure Pflichten kümmern würdet, wären eure Leistungen besser.*
Nora:	*Ich weiß, was ein Eierlegendes Säugetier ist.*
Michaela:	*Halt den Mund, du Schleimerin.*
Biolehrerin:	*Wenigstens eine in der Klasse, die gelernt hat. Also sag mir, was ist ein Eierlegendes Säugetier?*
Nora:	*Der Osterhase, Frau Professor, der Osterhase!*
Biolehrerin:	*Jetzt reicht's mir aber! Als Strafe für diese Frechheit schreibst du bis zur nächsten Stunde einen Aufsatz über die Säugetiere.*
Michaela:	*Strafen sind nach dem neuen Schulunterrichtsgesetz verboten!*
Biolehrerin:	*Uns haben Strafen seinerzeit auch nicht geschadet. Ich bin verzweifelt. Wie soll aus euch etwas werden, wenn man euch alles durchgehen lässt.*
Nora:	*Dürfen wir Sie etwas fragen? Sie müssen uns doch immer über alles Auskunft geben.*

Erinnern Sie sich? So war es wirklich. Ich habe diese Zustände als junger Lehrer live mitbekommen. Und doch war das neue Schulunterrichtsgesetz ein Fortschritt. Aber, was glauben Sie, war erst im Jahr 2100 los?

Fantasy-Musik ertönt, und die Zeitreisenden Z 1, 2 und 3 bleiben stehen, stellen den Koffer ab und sehen sich um. Ein Techniker (T) sitzt an einem Pult, einige Sitzgelegenheiten stehen vor rätselhaften Geräten, ein Schüler (S1) betritt den Raum.

S1: grüßt ›Gates!‹ (Es klingt wie ›geht's‹)
T: Auftrag: Ordentlich grüßen!

S1: *Bill Gates!*
T: *Bill Gates! Frage an User 21 F21 1E 26: Grund für Kommen?*
S1: *Datei Dreißigjähriger Krieg gelöscht. Neu eingeben!*
T: *Stellung 1 --- Plugging --- Relaxation!*
S1 setzt sich auf freien Stuhl, setzt bereitliegenden Helm auf und entspannt sich.
S2: betritt den Raum: *Bill Gates, Herr Operator! Alles O.K.?*
T: *Gates! Verbot: Vertraulichkeit! Frage an User 21 F21 1E 8: Grund für Kommen?*
S2: *Laden Schwimmprogramm Kraulen und Musikklassiker Backstreetboys.*
T: *Stellung 2 --- Plugging --- Relaxation!*
S2: setzt sich auf freien Stuhl, setzt bereitliegenden Helm auf und entspannt sich.
Z1: *Was soll ›Bill Gates‹ für ein Gruß sein?*
Z2: *Bill Gates ist 2100 offensichtlich im Stand der Heiligkeit. Du sagst ja jetzt auch ›Grüß Gott‹.*
Z3: *Jede Zeit hat ihre Verrücktheiten. Was glaubt ihr, worüber würden sich unsichtbare Besucher aus der Zukunft wundern, wenn sie uns zusehen könnten?*
Z2: *Ich fühle mich plötzlich beobachtet.* (Wirft den Zuschauern einen langen Blick zu)
Z1: *Seid ihr sicher, dass wir in unserer Schule gelandet sind? Das schaut eher aus wie eine Reparaturwerkstätte für Computer.*
Z2: *Sicher ist das unsere Schule. Hast du nicht gehört, wie die Kinder angesprochen wurden? User 21 F21 1E 8 heißt »Schüler mit der Katalognummer 8 der 1E in der Franklinstraße 21 im 21. Bezirk«*
Z3: *So möchte ich aber nicht heißen! Menschen sind doch keine Nummern.*
Z2: *Wundert ihr euch gar nicht über die sonderbare Art des Lernens? Denen wird das Wissen eingegeben, wie in einen Computer.*

Z3: Wozu die überhaupt in die Schule kommen? Das wäre doch sicher auch zu Hause möglich.
Z2: Das hat bestimmt irgendetwas mit der Gewerkschaft zu tun. Schließlich sind wir ja immer noch in Österreich!

Natürlich gibt es ein Happy End. Die drei kehren unversehrt in das Jahr 2000 zurück, erzählen ihren KlassenkameradInnen ihre Erlebnisse und als die Physiklehrerin den Klassenraum betritt, hört man:

Ph-Lehrerin: Bin ich froh, dass ihr den Koffer nicht angerührt habt. Sehr leichtsinnig von mir, ihn bei euch zurückzulassen. Aber wenn man sich auf eine Klasse verlassen kann, dann auf die 1E. Man merkt, dass ihr eine Soziale-Lern-Klasse seid.
Alle Schüler hüsteln uns räuspern sich.
Es gongt.

Ph-Lehrerin: Jetzt ist die Stunde aus und ihr habt leider nichts über die Zeitmaschine gelernt.
Alle Schüler: Leider, leider.
Ph-Lehrerin: Aufgeschoben ist nicht aufgehoben. Ich erkläre euch diese Maschine in der nächsten Stunde. Auf Wiedersehen!
(Verlässt den Klassenraum)

In der Pause stecken die Schüler wieder die Köpfe zusammen. Man hört nur einzelne Worte wie »Tatsächlich, unglaublich, und dann, 1900, wie Computer...«

Es gongt, die Schüler gehen auf ihre Plätze, werden ruhig, die Frau Klassenvorstand (KV) betritt den Raum.

KV: Guten Tag, setzt euch bitte.
S1: Danke, Frau Professor, dass Sie uns nicht prügeln!

S2: Danke, dass Sie uns beim Namen nennen!
S3: Danke, dass wir nicht Maikäfer sammeln müssen!
S4: Danke, dass wir nicht Heilkräuter sammeln müssen!
S5: Danke, dass wir falsch singen dürfen!
S1: Danke, dass Sie uns aufs Klo gehen lassen!
KV: Kinder, Kinder, Kinder, --- macht kein Theater!
S2: Doch, genau das machen wir jetzt: Ein...
Alle Schüler im Chor zu den Zuschauern gewandt:
                      ...THEATERSTÜCK!

Muss man rotieren?

Ist Ihnen das schon einmal passiert? Sie wissen, dass Sie es wissen, aber jetzt wo Sie es dringend brauchten, fällt es Ihnen partout nicht ein. Das ist ärgerlich, aber meistens keine Katastrophe. Für Kinder in Prüfungssituationen schaut die Sache aber anders aus.

Ich war zwölf, mein Geschichtsprofessor rief mich auf und ich musste mit meinem Heft zum Lehrertisch kommen. Damals waren Prüfungen immer unangekündigt. Meine Sorge zu wenig gelernt zu haben war groß. Noch heute, über fünfzig Jahre später, werde ich ganz schwach, wenn ich an diese Situation denke. Wie er mit dem vierfarbigen Kuli spielte, seine scharfe Stimme, die »Fakten, Fakten, Fakten« forderte, die ich ihm nicht liefern konnte. Ich hätte ihm damals alles Mögliche erzählen können, wie es dazu kam, wer dabei war, warum es so und nicht anders ausging. Er aber wollte Fakten. Und dieser Kuli! Wie er immer wieder die rote Mine drohend vorschob. Stress! Die Mitschüler, der drohende Fünfer, meine Eltern! Hätte er mich um mein Geburtsdatum gefragt, ich hätte es ihm nicht sagen können.

Als ich in den Ruhestand versetzt wurde, hat mir ein Mädchen aus einer ersten Klasse zum Abschied einen vierfarbigen Kugelschreiber geschenkt, gerade so einen, wie ihn Herr Prof. Dr. H. F. benutzte. Mir sind, als ich das Packerl öffnete, die Tränen in die Augen geschossen. Jetzt, am Ende meines Berufslebens bekam ich von einer arglosen Schülerin so ein Marterwerkzeug ausgehändigt. Bis zum heutigen Tag habe ich nicht damit geschrieben.

Zehn Jahre davor kam der kleine Manfred H., die Gleichheit der Vornamen war Zufall, zu einer angesagten Prüfung. Als er sein Bio-Heft auf den Lehrertisch legte, tätschelte er kurz meinen linken Oberarm und sagte: »Oba eh net so streng beurteun, gö?«

Seine Sorge war unbegründet. Wenn man erfahren will, was jemand weiß, muss man zuhören, aktiv zuhören, also Interesse zeigen, sich ihm zuwenden nicht der Klasse. Wie man weiß, sind die Hemisphären des menschlichen Gehirns mehr oder weniger gut miteinander verbunden. Es ist aber immer eine Gehirnhälfte, die die andere dominiert, die die Leitung übernimmt. Bei zu großem Stress, der in unserer evolutionären Vergangenheit, in der sich all das ausgebildet hat, durch eine lebensbedrohliche Situation zustande kommen konnte, verlassen wir uns hauptsächlich auf unsere dominante Hemisphäre. In meinem Fall ist das die rechte, kreative Seite, durch die man auch den Überblick hat. Die linke Gehirnhälfte, die linear denken kann, die Einzelheiten also ›Fakten‹ bearbeitet, wird dann vernachlässigt. Kein Wunder, dass der kleine Manfred V. vor über fünfzig Jahren wie ein Depp dastand. Er fühlte sich ja bedroht.

Das Wissen darüber sollte unbedingt in der Lehrerausbildung vermittelt werden. Die pädagogische Ausbildung der AHS-Lehrer meiner Generation war ihren Namen nicht wert. Niemand hat uns davon erzählt. In der biologischen Fachausbildung bekam man wenigstens mit, dass die Lebewesen, der Mensch eingeschlossen, meist gut an ihre Umwelt mit ihren Herausforderungen angepasst sind. Stress hatte beim Menschen meist Flucht oder Kampf also Bewegung zur Folge. Darum ist Bewegung bis heute auch in veränderter Umwelt stressabbauend. Soviel zur täglichen Sportstunde.

Es gibt aber auch Anpassungen, ich sage einmal so, deren Adressaten man nicht kennt. Nehmen wir als Beispiel Desmodium gyrans, die Indische Telegraphenpflanze. Eigentlich heißt dieser Schmetterlingsblütler Codariocalyx motorius. Desmodium ist ein Synonym. Es ist ein ca. 1 m hoher Strauch, der ein rätselhaftes Verhalten zeigt. Seine Seitenfiederblätter machen ganz langsame Drehbewegungen. Früher dachte man, diese dauernden Blattrotationen hätten Signalfunktion. Darum gab man diesem Strauch auch den Namen Telegraphenpflanze. In 3-5 Minuten, die Geschwindigkeit ist temperaturabhängig, dreht sich jedes Blatt einmal um eine Achse, wie ein Propeller in Superzeitlupe. Die Mechanik kennt man, in den Gelenken können spezielle Zellen ihren Innendruck ändern, die Funktion aber ist unklar.

Uns Studenten hat Univ. Prof. Dr. W. U. diese Pflanze in seinem planzenphysiologischen Praktikum vorgestellt. Ist Ihnen aufgefallen, dass ich Univ. Prof. Dr. W. U. geschrieben habe, so wie ich oben Prof. Dr. H. F. geschrieben habe? Ich will nämlich eine Gemeinsamkeit herausarbeiten. Ich habe Sie auf den Wink mit dem Zaunpfahl hingewiesen. Behalten Sie bitte den Wink mit den Fiederblättern im Gedächtnis. Wir werden darauf zurückkommen.

Als ich mitten im heißen Sommer gemeinsam mit meinem Studienkollegen und Freund Walter zur Prüfung über das besagte pflanzenphysiologische Praktikum antrat, fragte Prof. U., warum wir denn bei so einer Hitze geprüft werden wollten. Walter, der vor mir an der Reihe war, verwies auf den festgesetzten Termin und sagte wahrheitsgemäß, wir hätten uns, da es ja so heiß war, an einem Badeteich gemeinsam auf diese Prüfung vorbereitet. Dann begann die Prüfung. Walter bekam den Grant des Herrn Professors zu spüren. Dieser ließ nichts gelten. Am Ende war mein Freund froh mit einem Vierer verabschiedet zu werden. So weit, so schlecht. Dass der Herr Professor mich aber auch gleich mitverabschiedete, war dennoch verwunderlich. Ich wies ihn darauf hin, dass ich auch geprüft werden wollte, worauf ich zur Antwort bekam: »Ich gebe Ihnen auch einen Vierer, Sie haben ja auch gemeinsam gelernt!«

In den nächsten Tagen rotierten meine Gedanken wie die Laubblätter von Desmodium. Wie kann man nur so mit Studenten umgehen? Ich nahm es persönlich. Dadurch kam ich auf die

Spur. Der Herr Professor war bekannt dafür, immer das letzte Wort haben zu wollen. Und Monate vor meinem Prüfungstermin hatte er das einmal nicht. Und das kam so:

Professor U. stellte uns Studenten in seinem Praktikum die Aufgabe, eine These zu den Blattbewegungen der Telegraphenpflanze aufzustellen. Dazu gab er uns genügend Zeit. Doch schon in der nächsten Unterrichtseinheit meldete ich mich um meine Lösung anzubieten. Das Gespräch vor der Kollegenschaft verlief ungefähr so: »Sie wollen die Lösung gefunden haben?« – »Ja, Herr Professor. Bei den Zeitlupenbewegungen von Plasmodium gyrans handelt es sich meiner Meinung nach um einen Schutz vor Schneckenfraß.« – »Blödsinn!« – »Ich werde das erklären. Wenn man in Richtung Schnecke eine schnelle Bewegung macht, bemerkt sie diese wegen ihres langsamen Zeitmoments gar nicht. Macht man diese Bewegung aber ganz langsam, kann sie diese erkennen, fühlt sich bedroht und wendet sich ab.« Da war der Herr Professor plötzlich still. So hatten wir ihn noch nie erlebt. Doch Einlenken war nicht sein Stil. Plötzlich leuchteten seine Augen auf und er rief: «Ich hab Ihnen ja gesagt, dass das ein Blödsinn ist. Schnecken fressen dies Pflanze nämlich gar nicht!« Da sagte ich genüsslich: »Sehen Sie, wie das wirkt?«

Rechtschreibung

Sollten Sie, sehr geehrte Leserinnen und Leser, in meinen Texten Rechtschreibfehler entdecken, wundern Sie sich bitte nicht. Dieser Satz gilt, meinen Lektorinnen sei Dank, für dieses Buch nicht. Ich könnte mein Geschreibsel ein Mal lesen oder zehn Mal, es machte keinen Unterschied. Ich würde keinen Fehler entdecken. Das war schon in der Schule so. Meine Hausübungen und Schularbeiten in Deutsch und Englisch strotzten nur so vor Fehlern, von Latein will ich hier ganz schweigen. Das Geschriebensein eines Wortes stattet es in meinen Augen mit so großer Autorität aus, dass ich an seiner Richtigkeit nicht mehr zu zweifeln wage.

Vielen meiner SchülerInnen musste es genauso ergangen sein. Manche gingen sogar noch einen Schritt über das Falschschreiben hinaus.

»Erzähle mir etwas über den Tiger«, sagte ich bei einer Prüfung zum zehnjährigen Walter. »Der Tiger ist ein Huftier«, platzt dieser sofort heraus, was in der Klasse großes Gelächter hervorrief. Ich rief die Knirpse zur Ordnung, mit dem Hinweis darauf, dass es unkameradschaftlich sei, einen Mitschüler auszulachen, der sich geirrt hat. Das brachte mir den Vorwurf ein, zuerst gelacht zu haben. Ich wechselte also das Thema und fragte Walter, wie er denn auf die Idee käme, dass der Tiger ein Huftier sei. »Das haben Sie gesagt! Das habe ich so im Heft stehen«, rechtfertigte er sich empört. Ich schaute in sein Biologieheft und fand tatsächlich die Zeile: »Der Tiger ist ein Huftier, in der Not aber auch Heuschrecken und Mäuse.«

Walter ging also noch einen Schritt über das Falschschreiben hinaus, er lernte den Fehler auswendig. Diese Anekdote war übrigens die erste, die ich mir notierte. Da wir in der Zwischenzeit gute Freunde sind, hatte ich schon oft Gelegenheit mich persönlich dafür zu bedanken, dass er mich im September

1974 auf die gute Idee brachte, Heiteres aus SchülerInnenmund zu notieren.

Christina, eine Schülerin einer sechsten Klasse, hatte vermutlich ihre politischen Erfahrungen. Sie sollte aber über den Geschlechtsdimorphismus beim Menschen eine Arbeit verfassen. Bei Männern, schrieb sie, sei das Orientierungsvermögen besser, »man nimmt an, dass das von der Revolution kommt«.

Ich habe Revoluzzer nie verstanden. Die geben sich fortschrittlich, dabei streben sie eine Rückwärtsbewegung an. Re heißt ja zurück und volvere rollen. Ein Revolver dreht sich immer wieder in die Ausgangsposition zurück, ein Objektiv-Revolver eines Mikroskops beispielsweise. Aber so genau sollte man bei Fehlern ja nicht hinsehen.

Evolutionär ist hingegen die Entwicklung. Zum Beispiel die in der medizinischen Technik. Vergleichen Sie nur die heutigen Diagnosemethoden mit denen vor hundert Jahren. Gehirnströme zeichnet man längst mit dem EEG auf. Sprachphantastische Schüler schrieben diese Abkürzung mit Elsehtkisches Enzodiagramm beziehungsweise mit Eletronenzykalegramm aus. Das klingt gleich viel besser, irgendwie wissenschaftlicher.

Schreibfehler müssen aber keine Rechtschreibfehler sein. Man kann ja meinen, was man schreibt und dennoch Unrecht haben. »Woraus besteht ein Zahn?«, fragte ich in einem schriftlichen Test eine erste Klasse. Jemand antwortete aus dem Schatz seiner Erfahrung: »Aus dem Zahnbein, dem Zahnzement und dem Zahnschmerz!« Das Wort Schmelz kennen Wiener eben nur in anderem Zusammenhang. Sie können ›auf der Schmelz‹ im 15. Wiener Gemeindebezirk Sport betreiben.

Die glänzende Schicht eines Zahnes, den härtesten Teil des menschlichen Körpers, könnte man gedanklich natürlich auch in die Nähe des Gefühls rücken. Der Heldentenor, Sinnbild des starken, gefühlvollen Mannes, drückt nicht zuletzt mit dem blinkenden Weiß seines Zahnschmelzes und dem Schmelz, der lieblichen Weichheit seiner Stimme, seinen großen Liebesschmerzes aus und lockt durch Schmalz, der übertriebenen Betonung des Gefühls, die Geliebte. Eine fakultative Schmalzlocke könnte diesen Effekt noch verstärken.

Ein Erstklassler hatte vermutlich den weit geöffneten Mund eines Sängers vor Augen, als er schrieb, ein Zahn habe »oben so Schmalzfalten«. Irgendwoher muss das triefende Gefühl ja kommen.

Beziehungsdrama

Raten Sie einmal, wovon hier die Rede ist: Gefragt ist die Bezeichnung für eine Person mit höherer Kompetenz auf bestimmten Gebieten, die nicht geschützt ist (die Bezeichnung nämlich), vielschichtig ist und schillernd (der Begriff) und auch ein Ehrentitel. Die richtige Antwort ist, ich nehme an, Sie haben es gewusst, LehrerIn.

Ein Viertklassler hatte zu diesem Thema offenbar eine andere Meinung. Er sollte bei einer Prüfung den Begriff ›Antagonist‹ erklären. Dazu fiel ihm folgender Satz ein: »Solche Gegenspieler nennt man seit der ersten Klasse Lehrer!«

Wären SchülerInnen Protagonisten, könnte ich mit dieser Definition leben. In Anlehnung an die Gegenspieler von Muskel-Antagonisten, den Agonisten, müsste man aber manche von ihnen Agonie-sten nennen, weil sie sich in einem dauernden Kampf durch die Schule quälen. Einem Oberstufenschüler, der unmotiviert in der Klasse herumlungerte, der sich offenbar fragte, was er mit mir zu schaffen hatte, half ich überraschenderweise mit der Behauptung: »Ich bin dein Bio-Coach!« Plötzlich sah er mich nicht mehr als Gegner. Schade nur, dass er nichts von Sport verstand, sonst hätte er gewusst, dass der Coach einem Sportler etwas zu schaffen hat, von wegen höherer Kompetenz, Klassenerhalt und so (s. o.).

Einem jüngeren Schüler, der sich zwecks geordneten Fußmarsches aus unserem Pavillon ins Hauptgebäude nicht in eine Zweierreihe eingliedern wolle, erlaubte ich, einen Aufsatz über den Sinn des Anstellens zu schreiben. Darin reduzierte er uns LehrerInnen auf unsere Physis. Ich zitiere aus seiner freiwilligen Arbeit: »Die Schüler dürfen sich nur im Gebäude aufstellen. Im Hof ist es nicht erlaubt. Warum? Im Pavillon ist er (der Schüler) unter der ständigen Aufsicht eines Lehrkörpers.«

Man darf aber die Wirkung physischer Ereignisse auf die LehrerInnenpsyche nicht unterschätzen. Durch das Anlehnen meines Lehrkörpers an einen Heizkörper wurde mir des Öfteren warm uns Herz, wodurch sich ein frostiges Klassenklima nicht unbedingt auf mein Wohlbefinden auswirken musste. Zum Glück gab es im Gebäude große kleinklimatische Schwankungen, sodass es von Klasse(nraum) zu Klasse(nraum) ganz unterschiedliche klassenklimabedingte Arbeitsvoraussetzungen gab. Vom geduldeten Pauker zum Liebling der Massen waren es oft nur ein paar Schritte.

Auch war die Bereitschaft zur Kooperation nicht bei jeder Schülerin, jedem Schüler gleich gut ausgebildet, und zwar von (zu) Haus aus. Nachdem ich meinen ErstklasslerInnen als Klassenvorstand in der ersten Schulwoche erklärt hatte, was ein Klassenordner zu tun hat, sagte ich zu Jennifer: »Du bist in dieser Woche Klassenordnerin und wirst nach jeder Unterrichtsstunde die Tafel sauber löschen.« Sie antwortete mit einem schlichten »Nein« und ich bekam einen Motivationsschub.

Wo ist der Witz?

In einer Supplierstunde wollte ich den durchwegs männlichen Schülern die Wahl des Themas überlassen. »Worüber reden wir heute?«, fragte ich daher, worauf sich zwischen zwei Dreizehnjährigen folgende Rede und Gegenrede ergab: »Reden wir über Mädchen.« - »Du Sau!«

Warum haben Sie jetzt gelacht? Was finden Sie daran lustig? Jetzt muss ich versuchen, Sie zu rehabilitieren.

Fachleute meinen, das laute Lachen sei eine milde Form der Aggression. Die Pointen der Witze haben nämlich eines gemeinsam, sie überraschen, zumindest beim ersten Mal. Sollten Sie beim zehnten Mal immer noch an derselben Stelle lachen, werden Sie vermutlich auch Ihren gar nicht komischen Befund vergessen haben. Wenn aber ein Urzeitahnl überrascht wurde, war er in Gefahr. Vielleicht war er einem gefährlichen Tier zu nahe gekommen. Ein reflektorisch hervor gestoßenes »Ha!« konnte ihn als mächtigen Gegner erscheinen lassen. Er konnte seinerseits schrecken.

Jemanden als Sau zu bezeichnen, der über Mädchen sprechen möchte, ist doch ungehörig, ja geradezu frech und lässt außerdem tief in die Gedankenwelt des Sprechers blicken. Darüber zu lachen, ist aber unbedenklich. So, jetzt sind Sie aus dem Schneider.

Sollten Sie kein Wort von dem glauben, was ich Ihnen erklärt habe, erzähle ich Ihnen einen Witz als Test. Es wird keine lustige Geschichte werden. Ich halte sie sogar für ausgesprochen betrüblich. Das menschliche Mitgefühl, oder zumindest die guten Manieren werden Ihnen ein Lachen verbieten. Aber viele Leute wurden von der Pointe schon überrascht. Also: Ein Augenarzt fährt nachts, bei Gewitter und schlechten Straßenverhältnissen eine steile, kurvenreiche Bergstraße hinab. Da wird er von einem sehr schnell fahrenden Sportwagen überholt. Der Fahrer muss wohl verrückt sein, denkt er sich, wenn der so weiter rast, wird er nicht weit kommen. Leider bewahrheitet sich seine Vermutung. Schon bald traf er in einer Straßenkehre auf die rauchenden Trümmer des Sportwagens. Er sprang aus seinem Auto, sah aber sofort, dass er dem Fahrer nicht mehr helfen konnte. Dieser war tot. Ich hoffe für Sie und Ihre Bezugspersonen, dass Sie diese Situation nicht für komisch halten. Aber lassen Sie mich weitererzählen. Er war Augenarzt, konnte dem Verunglückten nicht mehr helfen, dachte aber praktisch. Also nahm er ein scharfes Messer, entnahm dem Toten fachmännisch ein Auge und drückte ihm, um die Sache zu vertuschen, ein Glasauge in die leere Augenhöhle. Am nächsten Tag las er in einer Zeitung die Schlagzeile: »Wahnsinniger mit zwei Glasaugen rast in den Tod!«

Trau, schau, wem

Meine ErstklasslerInnen freuten sich immer, wenn ich ihnen im Biologiesaal einen zerlegbaren Kunststofftorso zeigte. Das Modell eines menschlichen Rumpfes, unbekleidet natürlich, steigerte jedes Mal die Spannung im Unterricht. Unsere Schule besaß ein Exemplar, das die Größe eines Kindes hatte und, vermutlich um die Gedankenwelt der SchülerInnen nicht zu verwirren, keine Geschlechtsmerkmale aufwies. Das musste ich immer zuerst erklären. Dass dadurch die Verhältnisse im Unterbauch unrealistisch dargestellt wurden, war dann wohl jedem klar. Man soll sich aber nicht täuschen. Unser Demonstrationsobjekt hatte keine Bauchdecke, dadurch konnte man Magen und Gedärme sehen, noch bevor man die Organe der Reihe nach entnahm. Wir hatten genügend Gesprächsstoff, bis alle Kunststoffteile entfernt und zerlegt waren. Ein kleines Türchen, durch das man in den Blinddarm hinein sehen konnte, sorgte für besondere Heiterkeit. Das Spannendste schien aber die Frage zu sein, ob der Biolehrer auch alles wieder richtig zusammensetzen konnte, ohne dass ihm ein Trumm übrigblieb. Ich konnte sicher sein, dass ab nun jeder und jedem in der Klasse klar war, welche Organe wo im Bauch- oder Brustraum lagen. Man soll sich aber, wie schon erwähnt, nicht täuschen.

Vor der Erkundung der menschlichen Anatomie wussten meine SchülerInnen interessanterweise am wenigsten über das Zwerchfell (Diaphragma), die Grenze zwischen Brust- und Bauchraum. Dass dicke Blutgefäße und die Speiseröhre mitten durchführten, bestaunten sie sehr. Diaphragma heißt übrigens wörtlich übersetzt ›durch die Trennwand‹. Ich staunte auch, als ich nämlich Florian, wir durften seine Taten und Sprüche in vorherigen Geschichten schon einige Male bestaunen, bei einer mündlichen Prüfung zu den Organen des Bauches befragen wollte. Das stellte sich als überraschend schwierig heraus. Auf meine Frage, welche Organe im Bauch wären, sagte er »keine!« Bei der Zerlegung des Torsos war er anwesend, blind war er auch nicht. Ich sah keine körperlichen oder geistigen Hindernisse, mit ihm ein derartiges Gespräch zu führen. Er aber blieb felsenfest bei der Aussage, es gäbe keine Bauchorgane. Bei Prüfungen sind auch unsinnige Antworten zu benoten, ich fragte mich aber, ob Florian nicht irgendetwas falsch verstanden hatte, wo mir doch schon aufgefallen war, dass er und ich manchen Worten verschiedene Bedeutung beimaßen. Warum soll ich Sie weiter auf die Folter spannen, ich habe das Rätsel gelöst. Ich kannte ja seine Familie. Alle sehr sportlich, alle von schlanker Gestalt. Papa hatte, wie er stolz von sich selbst sagte, keinen Bauch, Mama hatte keinen Bauch. Welche Organe sollten also in einem nicht vorhandenen Bauch sein? Keine! Na also! Wieder einmal hatte Florian sachlich Recht behalten. Was hat schon so ein Lehrbuch, Kunststoffmodell, Lehrer, selbst wenn er an der Universität Biologie studiert hatte, für eine Autorität im Vergleich zu den eigenen Eltern. Trau, schau, wem!

Unsere Landessäure

Der Herbst ist eine stürmische Zeit. Da wird es gefährlich in unserem Land. Es gärt unter den Weinbauern, in deren Kellern nämlich. Genauer gesagt, gären die kleinen Helfer der Winzer, die Hefepilze. Im Traubenmost schwebend gewinnen sie ihre Lebensenergie, wenn sie keinen Sauerstoff zur Verfügung haben, durch Gärung aus dem Zucker. Ihre Ausscheidungsprodukte können, je nachdem, wie man mit ihnen umgeht, großen Schaden anrichten. Ethanol haut selbst den stärksten Säufer um und CO_2 sammelt sich in schlecht durchlüfteten Kellern in Bodennähe, verdrängt dort den leichteren Sauerstoff und hat derart, obwohl ungiftig, schon viele Menschen erstickt. Dampfluken können Abhilfe schaffen. Das sind übrigens nicht, wie Unkundige meinen könnten, Lücken zwischen den Räuschen der Weinviertler, sondern Luken in der Kellerdecke zwecks besserer Durchlüftung.

Früher gingen Weinbauern mit brennenden Kerzen, die sie tief hielten, in den Keller. Erlosch die Kerze wegen des Sauerstoffmangels, wurde es Zeit, die Kellerstiege hinauf zu steigen. Moderne Winzer haben mit Taschenlampen nicht den gleichen Erfolg. Dackelbenützer schon eher. Wenn der Dackel nur mehr schlaff an der Leine hängend dem Herrchen passiv folgt, im Fußballerjargon ›Sliding Dackling‹ genannt, ist das ein Zeichen, das man richtig deuten sollte. Alkoholgenuss und Leichtsinn gehen aber meist Hand in Hand.

Da jeder Österreicher über die Herstellung unserer Landessäure Kenntnisse haben soll, war Weinbau Thema meines Biologieunterrichts. Dabei entwickelte sich zwischen den Drittklasslern und mir ein bemerkenswertes Unterrichtsgespräch:

»Welches Lebewesen gärt im Weinfass?«, fragte ich. Aus der Klasse kamen Antworten wie: »Amöben, Bakterien... .«

Endlich ruft einer »Pilz!« »Und welcher Pilz?«, fragte ich sofort nach. »Weinstein!« - »Das ist doch kein Pilz.« - »Steinpilz!«

Können Sie mir, als Weinkenner und –genießer, erklären, warum Hans Moser im nächsten Leben eine Reblaus sein möchte? Schmecken Wurzeln von Rebstöcken so gut? Da hat man den alten Weinbeißer schlecht beraten. Der Marischka-Film, in dem er sich 1940 als Schnabelkerfe in spe outete, heißt bezeichnenderweise ›Sieben Jahre Pech‹.

Ungefähr achtzig Jahre davor, als die Reblaus Europas Weinbau herausforderte, setzte man im Südburgenland reblausresistente, amerikanische Direktträger, die mit heimischen Sorten gekreuzt wurden, aus. Das intensive Waldbeerenaroma, den so genannten Fox-Ton, heraus zu kosten ist für den fleißigen Winzer noch heute eine Herausforderung und verschafft ihm, hartes Lebertraining vorausgesetzt, das Aussehen eines übernächtigen Uhus. Der kostbare Wein, der die Augenringe des Weinbauers verantwortet, ist demnach der Uhudler. Wissen Sie, was Clinton, Othello und Noah gemeinsam haben? Das ist jetzt leicht zu raten, weil wir über den Uhudler konferieren. Lassen Sie sich nicht durch Gedanken an Zigarren, Arien und Hochwasser in die Irre leiten. Es sind drei Rebsorten, aus denen der Uhudler gemacht wird. Dieser war übrigens bis 1992 ein verbotener Genuss, weil man ihn für gesundheitsschädlich hielt. Aber durch genügend Weingenuss wurde man schließlich klüger. In vino veritas.

Wo ist das All?

Es gibt Menschen, die es sich eine Stange Geld kosten lassen, in einem Spaceshuttle-Verschnitt für einige Minuten vermeintlich ins All geschossen zu werden. Vor nicht allzu langer Zeit behauptete einer unserer Landsleute, dem man Flügel geliehen hatte, aus über 39 000 m Höhe, aus dem Weltraum, wie er sagte, auf die Erde gesprungen zu sein. Haben Sie's gesehen? Ich habe genau aufgepasst, konnte aber keinen Sprung vom All auf die Erde sehen.

Ist der Planet Erde, unser Satellit, mit dem wir unser Leben lang die Sonne umrunden, vielleicht deswegen in so einem beklagenswerten Zustand, weil sich seine Bewohner außerhalb von allem erleben, nicht im All, sondern wo eigentlich? Definitionsgemäß beinhaltet das All aber alles. Das sagt ja schon der Name. Gehen die Erdenbewohner ihre Umweltprobleme deshalb so halbherzig an, weil sie sich außerhalb des Systems wähnen? Wir - und die Welt um uns? Wir befinden uns aber im All, auch wenn wir den Erdboden nicht verlassen haben. Wir sind alle Weltraumfahrer und sind es immer schon gewesen, wie das Hoimar von Ditfurth in seinem Buch ›Kinder des Weltalls‹ so hervorragend beschrieben hat.

Der Schwerkraft zu trotzen und hoch über die Erdoberfläche aufzusteigen, ist technisch brillant. Ihr alle Rechte einzuräumen und sich von ihr ohne Fluggerät mit Überschallgeschwindigkeit auf die Erde ziehen zu lassen, ist zweifellos mutig, aber kein Wunder, wie es ein Übertritt in ein Paralleluniversum wäre.

Das mit der Schwerkraft ist so eine Sache. Ihre Wirkung auf uns können wir zwar fühlen, ihr Wesen bleibt aber ein Rätsel. Angeblich krümme sie die Raumzeit, sei in ihrer Reichweite nicht begrenzt und lasse sich nicht abschirmen. Wer versteht denn so etwas?

Eine meiner Schülerinnen, die damals vierzehn Jahre alt war, gab mit einer Frage zu verstehen, dass sie mit der gegenseitigen Anziehung der Massen gedankliche Probleme hat: »Herr Professor«, sagte sie, »lachen Sie mich bitte nicht aus, ich weiß es wirklich nicht. Warum rinnt den Leuten in Australien nicht das Blut in den Kopf?« - »Du bist jetzt alt genug, um die ungeschminkte Wahrheit zu vertragen«, antwortete ich, »die Australier sind oben, wir sind unten.«

Sind Ihnen alle Wahrheiten über den treuen Begleiter unserer Erde, den Mond, bekannt? Was hat man in vorwissenschaftlicher Zeit nicht alles in ihn hinein phantasiert. In vielen Märchen ist er sogar bewohnt. Der Mann im Mond ist Legende, ebenso das Mondkalb. Seine Bedeutung für Liebende ist, wenn man deutschen Schlagertexten Glauben schenken darf, nicht hoch genug einzuschätzen. Dabei gibt der Erdtrabant der Wissenschaft genügend Rätsel auf. Er soll das Ergebnis eines Zusammenstoßes zwischen der Proto-Erde und einem anderen Himmelskörper sein. Aber nun wirkt er auf uns wie aufgehängt. Er hat keine nennenswerte Atmosphäre mehr und zeigt uns immer sein ›Gesicht‹, er rotiert also in Relation zur Erde nicht mehr. Für meine Schülerinnen und Schüler war das eindeutig ein schwieriger Fall. Sie erklärten ihn zum Kriminalfall. Und diesen versuchten sie mit den ihnen bekannten Methoden und Indizien zu lösen. Schließlich war es Ann, die die Frage, warum uns der Mond bei seiner Erdumrundung immer dieselbe Seite zeigt, mit der Feststellung klärte: »Er ist tot!«

Fast richtig

»Ist eigentlich eine Ovulation dasselbe wie ein Karnickelsprung?« Dasselbe vielleicht nicht, aber die Richtung stimmt. Ich hatte den SchülerInnen von der sprichwörtlich hohen Fertilität der Kaninchen berichtet, und auch davon, dass der Eisprung bei diesen Tieren von der Kopulation ausgelöst wird, was die hohe Fruchtbarkeitsrate erklärt. Der Fragesteller hatte also fast verstanden. Nach einmaligem Hören merkt man sich ja höchstens 20% des Gebotenen. Es ist aber nicht gesagt, dass das auch die wichtigsten 20% sind, oder dass das Eingespeicherte irgendwie zusammengehört. So fragte einmal ein Schüler, nachdem wir lange und ausführlich über Euglena, das Augentierchen gesprochen hatten: »Wie viele Augentiere gibt es eigentlich in einem Auge?« Er wird währen des Unterrichts der letzten Jahre wohl Wichtigeres zu tun gehabt haben, als zuzuhören. Über diesen aus vielen Gründen bemerkenswerten Einzeller sprechen Bio-Lehrer nämlich ziemlich oft. Oder was sagen Sie zu folgender Frage: »Näht man eigentlich Dunkelhäutige mit einem schwarzen Zwirn?« Gute Frage. Leider wusste ich das auch nicht.

Hier weitere Beispiele aus meiner Sammlung skurriler Dialoge:

Lehrer: »Warum ist die Wirbelsäule des Menschen S-förmig gekrümmt?«
Schüler: »Damit das Essen besser rutscht!«

L: »Welchen Auftrag erteilt das Gehirn, wenn es eine zu hohe Kohlendioxidkonzentration im Blut gemessen hat?
S: »Furzen!«

L: »Was kann der Schimpanse aufgrund seines Körperbaues besser als der Mensch?«
S: »Denken!«

L: »Was ist das Gegenteil von Standvogel?«
S: »Laufvogel!«

L: »Welches Medium schwingt im Äußeren Ohr?«
S: »Fettsäckchen!«

L: »Was frisst der Katzenhai?«
S: »Wasserratten!«

L: »Welche Pflanzen sind besonders eiweißreich?«
S: »Dotterblumen!«

L: »Warum heißt der Rhesusfaktor so?«
S: »Weil der Erfinder ›Herr Rhesor‹ geheißen hat!«

L: »Wohin fließt das Blut, wenn es die verdauten Stoffe aus dem Darm aufgenommen hat?«
S: »In die Mundhöhle!«
L: »Wie kommst du denn darauf?«
S: »Na, davon kommt ja der Mundgeruch!«

L: »Wo entstehen bei einem männlichen Embryo die Hoden?«
S: »In der Gebärmutter!«
(Wo er recht hat, hat er recht)

L: »Was ist das Regenerationsvermögen eines Regenwurms?«
S: »Dass er bei Regen aus der Erde kommt!«

L: »Was versteht man unter dem englischen Wort ›beam‹?«
S: »Eine Straßenbahn!«

L: »Welcher berühmte Physiker ist dir bekannt?«
S: »Frankenstein!«

Aber auch schriftliche Arbeiten sind Fundgruben fast richtiger Behauptungen:
o Der Kopf ist der westlichste Teil.
o Bei Quecksilber singt das Wasser und bei Glas steigt es.
o Je enger das Röhrchen, desto steigt das Wasser. Je enger der Quecksilber wird, desto steigt es runter.
o Mit der Afterflosse wischt sich der Fisch den Hintern aus.
o Das Insekt benetzt sich mit Pollen und wird an der Narbe einer gleichen Blüte abgestreift.
o Zwei Pflanzen der gleichen Art leben auf der gleichen Wiese, aber nicht auf der gleichen Blüte.
o Die Bakterien im Darm werden nervös.
o Die Pilze aus Zuchthäusern sind mit Gift besprüht.
o Gänse können nicht fliegen und leben am Südpol.
o Mineralien sind verschiedene gleiche Gesteine.
o Des Teichfrosches Funktion beim Schwimmen gleicht der des Menschen.
o Der Darm verkleinert sich und geht an Land.
o Ohne die Nieren würde der Mensch an Blutverschmutzvergiftung sterben.
o Vondem (Herzen) wird es (das Blut) dann wider in den Korbergebumt.
o Dann holt das Rind mit seiner kräftigen Zunge die Nahrung wieder herauf.

- Das Pferd trägt Hufe, die ihm vom Bauern angenagelt werden.
- Aus den Haaren des Schwanzes werden für Geigenstäbe verwendet.
- Zwei Wichtige Drüsen, die dem Pförtner begegnen, ist die Leber und die Bauchspeicheldrüse.
- Ribosomen sind schwarze Pünktchen, die am Endorheumatischen Repiculum sitzen.
- Falkenartige Greifvögel kommen vorwiegend überall vor.
- Gibt es draußen ein zu lautes Geräusch, haut im Mittelohr der Hammer auf den Amboss.

Und nun noch einige Fachbegriffe, die so nicht in den Lehrbüchern stehen:

Leberzellulose, Chorda nasalis, Nebenhirn, Cytoplasticiten, Kuaflattich.

Zuletzt noch eine kleine Prüfungsfrage für Sie? Wissen Sie, was das Wort ›homogen‹ bedeutet? Ein Schüler beantwortete diese Frage mit folgenden Symbolen:

In den Himmel wachsen

Wenn mich eine Klasse gut kannte, wusste sie, dass immer dann, wenn ich »eine wahre Begebenheit« ankündigte, sie mit einer frei erfundenen Geschichte rechnen musste, die aber in ihrem innersten Kern etwas Wahres barg. Ich setzte mich dann an einen besonderen Ort im Klassenraum, der für ›wahre Begebenheiten‹ reserviert war und begann mit »es war einmal …« zu erzählen. Abgeprüft habe ich den Inhalt dieser Geschichten nie, das Wesentliche wird meinen SchülerInnen aber in Erinnerung geblieben sein. Die folgende Geschichte beginnt mit einem Dialog eines Kindes mit seinem Vater:

»Papa? Warum wachsen Bäume?«
»Warum sollen sie denn nicht wachsen? Du wächst ja auch!«
»Aber du nicht mehr!«
»Ich bin eben schon erwachsen!«
»Und warum werden Bäume nicht erwachsen?«
»Das ist eine gute Frage. Die Antwort birgt, glaube ich, ein großes Geheimnis, das kleine Leute noch nicht kennen können.«
»Werde ich dieses Geheimnis auch einmal kennen?«
»Wenn du groß bist, vielleicht. Ich habe einmal eine Geschichte von einem Blümchen gehört, das genau so viel wissen wollte wie du. Ich werde sie dir erzählen, hör mir gut zu.«

Es war einmal vor langer Zeit, als es noch keine Wälder gab, als sich der Mond noch drehte und der Himmel noch klar war, ein wunderschönes Blümchen. Es stand mit anderen Blumen auf einer großen Wiese. Jeden Morgen sah es die Sonne aufgehen, sah sie zu Mittag hoch über sich und abends, wenn es kalt wurde, weit hinter dem Hügel untergehen. Das Blümchen durfte jeden Tag, den es erlebte, über die Schönheit der

Welt staunen. Als junges Pflänzchen lag es an den warmen Frühlingsboden geschmiegt und freute sich jeden Morgen auf die Strahlen der Sonne. Als es älter wurde und erblühte, war seine Schönheit so groß, dass Käfer und Bienchen und sogar die großen dicken Hummeln von weit her geflogen kamen, um es zu bewundern. Seine Blüte strahlte goldgelb wie die Sonne selbst. Und wie die Sonne war sie nur tagsüber zu bestaunen. Nachts lag sie verborgen in einem großen grünen Kelch.

Eines Tages aber kam es dem Blümchen so vor, als ob sich seine Blüte nicht mehr so leicht öffnete wie sonst. Falten zeigten sich auf den Blütenblättern und es glaubte auch zu bemerken, dass die Farbe nicht mehr so leuchtete wie am Tag zuvor. Da wurde unser kleines Blümchen nachdenklich. Was hatte das alles zu bedeuten? Wurde es etwa alt? Nein, alt und schwach wollte das Blümchen nicht werden. Nachts weinte es deswegen heimlich. Noch am Morgen danach konnte man winzige Tröpfchen auf den Blättern sehen. Sie sahen zwar aus wie Tautröpfchen, doch es waren bitter geweinte Tränen. Eines Tages, als seine Verzweiflung besonders groß war, schluchzte es laut: »Muss ich denn wirklich vergehen? Kann mir denn niemand helfen?«

Da war ihm, als ob es ein leises Geräusch hörte, das noch nie auf der Wiese zu hören war. Es schien von den Höhen des Himmels zu kommen und näherte sich langsam. War das ein Klang von Glöckchen, war es ein Säuseln des Windes? Es verhieß Gutes und senkte sich direkt auf unser trauriges Pflänzchen nieder. Ein wunderschönes, Feen gleiches Wesen mit durchscheinend, glitzernden Flügeln hatte sich zu unserer Blume gesellt. »Wer bist du?«, fragte diese schüchtern. »Ich bin Elle. Ich habe deinen Ruf vernommen. Was bedrückt dich, wie kann ich dir helfen?« - »Lieb' Elle«, sprach die unglückliche Blume, »lieb' Elle, hilf. Ich mag nicht vergehen. Ich will leben, ewig leben.« - »Das Leben«, sagte Elle, »das Leben ist ewig. Du darfst dem ewigen Zirkel vertrauen. Das Samenkorn, das in dir wächst, wird dein Leben weiter tragen. Die Blume, die im nächsten Jahr an deiner Stelle erblühen wird, trägt dein Leben in sich. Das Leben ist zum Leben gemacht, es vergeht nicht!« - »Aber ICH werde vergehen, ich! Gibt es denn keinen Weg, der am Sterben vorbeiführt?«

Da bekam die liebe Elle Mitleid mit dem todtraurigen Blümchen und sprach: »Es gibt einen Lebensweg, der dich bis zum Punkt des Erkennens bringen kann. Er wird dich in den kalten Winter hinein führen, durch ihn hindurch und wieder hinaus in das nächste Lebensjahr. Und weil es ein so langer Weg ist, wirst du erst nach hundert Jahren am Ziel sein. Du wirst Mut brauchen, aber am Ende werden dir die Augen aufgehen. Diesen Weg nennt man den Holzweg. Du wirst ihn wohl gehen müssen.« Nach diesen Worten erhob sich Elle in die Luft und entschwebte. Das Blümchen aber blieb voll Hoffnung zurück. Und der Tag war auf einmal hell und warm.

Es kam der Herbst und die vielen Blumen auf der Wiese gingen zu Grunde. Ihre Blätter verwelkten und sie sanken nieder. Nur unser Blümchen stand aufrecht, wie es im Sommer gestanden war. Es verlor zwar auch seine Blätter, seine Blüte war längst verwelkt und die Samen verstreut, aber in seinem Stämmchen hatte sich, wie von der lieben Elle prophezeit, Holz gebildet, hartes widerstandsfähiges Holz. Der Winter war lang und kalt. Doch unser Bäumchen, wie wir es jetzt besser nennen, verspürte davon nichts. Es schlief. Es schlief so tief, weil ihm fast alle seine Teile abgestorben waren. Nur eine ganz dünne Schicht in seinem Stämmchen blieb lebendig. Im Frühling, als Schnee und Eis tauten, ließ diese Schicht neue lebende Teile entstehen. Das Bäumchen auf der Wiese war nun größer und stärker als im Jahr zuvor. Das Holz erwies sich als gute Sache. Das neue Frühlingsholz brachte frisches Wasser aus dem Boden zu den neuen Blättern und das alte Holz, das im Winter abgestorben war, hielt das Bäumchen aufrecht. Und weil es nun größer war, konnte es seine Blätter über alle anderen

Pflanzen halten und nahm sich so viel Sonnenlicht, wie es wollte. Ja, es war herrlich so groß zu sein. Der Stamm verästelte sich und konnte viel mehr Blätter, Blüten und Früchte tragen als im Vorjahr.

Der Frühling verging, es kam der Sommer und der Herbst. Der nächste Winter war wie der davor. Kein Ende des Lebens war abzusehen. Lieb' Elle hatte recht behalten. Die Jahre zogen ins Land und unser Bäumchen wurde ein stattlicher Baum. Bald reichte seine Krone fast bis zum Himmel. Seine Borke war rau und sein Stamm so dick, dass das innerste Holz schon vermodert war. Im Herbst wurden die Äste von den Stürmen zerzaust, einige brachen sogar ab, sodass es dem Baum angst und bang wurde. Der Baum war so groß geworden, dass die obersten Blätter Durst leiden mussten, weil es Wurzel und Stamm einfach nicht mehr schafften, genügend Wasser hoch zu pumpen. Alles war so beschwerlich. Der Baum war einfach zu groß geworden. Die Schönheit, die unser Blümlein für alle Zeit erhalten wollte, war längst dahin. Das Ende des Weges war erreicht. Da schlich sich die alte Angst zurück in den Stamm. Und wie am Ende seiner Jugendzeit wurde dem Baum ganz bang. »Lieb' Elle«, rief er in seiner Not, »lieb' Elle, komm zu mir.« Und wie vor vielen Jahren, als der Baum noch ein Blümlein war, hörte er einen Ton wie von Glöckchen im Wind, als sich Elle mit ihren Glasflügeln aus den lichten Höhen herabschwang. »Du hast mich gerufen, was darf ich dir tun?« Doch der Baum antwortete nicht, er blickte nur traurig. »Ich sehe schon«, die liebe Elle war voll Mitgefühl, »du befandst dich auf dem Holzweg und hast es nun erkannt. Selbst Bäume wachsen nicht in den Himmel. Du standst länger als alle anderen Pflanzen auf der Wiese. Aber nun ist es Zeit los zu lassen. Das Licht, das dich ein langes Leben gestärkt hat, wird dich leiten. Die Luft, das Wasser und die Erde, die dich dein ganzes Leben lang versorgt haben, werden dich auffangen. Lass DICH einfach fallen!«

Da fasste der alte Baum Vertrauen und löste seine irdischen Wurzeln aus dem Grund. Dabei fand er sich in schönstem Einklang mit der ganzen Welt. Alle Unterschiede waren aufgehoben. Der Boden, die Luft, der Sonnenstrahl, die Pflanzen und die Tiere, alle waren eins mit ihm. Und er war eins mit allem. Keine Angst, kein Schmerz, kein Sterben mehr.

Pensionsstress

Ich wohne in LE, in Langenzersdorf, und zwar gerne. Oft spaziere ich durch unsere Marktgemeinde, die zwischen dem Bisamberg und der Donau vor Wien liegt. Seit ich im Ruhestand bin, habe ich noch mehr Zeit dazu, und auch Zeit da und dort zu verweilen. Sogar das Einkaufen, das ich meistens für unseren Zweipersonenhaushalt übernehme, genieße ich. In einem Supermarkt vor den gefüllten Regalen zu stehen in der Gewissheit, alles kaufen zu können, zeigt mir, dass ich auf die Butterseite des Lebens gefallen bin. Es geht mir gut. Ich bin ein Froher, das ist übrigens auch die Wortbedeutung meines Familiennamens. Und ich plaudere gerne mit Freunden und Bekannten. In dem kleinen Ort, wo jeder fast jeden kennt, gibt es auch genügend Gelegenheit dazu. Viele LangenzersdorferInnen waren meine SchülerInnen, sogar der Bürgermeister. Da treffe ich immer jemanden zu einem kleinen Plausch. Neulich war ich wieder unterwegs.

»Grüß Sie, Herr Vesely!« – »Guten Tag, Frau Mayer, wie geht es Ihnen?« – »Muss gehen, und selbst?« – »Danke, mir geht es sehr gut!« – »Als Pensionist haben Sie sicher einen gewaltigen Stress, net?« – »Aber woher denn, ganz im Gegenteil. Ich habe jetzt viel mehr Zeit. Früher ging ja alles neben dem Beruf her. Jetzt bin ich wirklich entschleunigt.« – »Erzählen S' mir nichts. Mein Mann ist auch schon in der Pensi, der hat einen Terminkalender wie ein Generaldirektor. Immer unterwegs.« – »Bei mir ist das nicht so.« – »Und haben Sie den Pensionsschock schon überwunden?« – »Tut mir leid, widersprechen zu müssen. Ich habe keinerlei Schock erlitten. Das letzte Schuljahr habe ich gewissermaßen als Ehrenrunde gestaltet. Ich habe Abschied vom Berufsleben genommen und hatte genügend Möglichkeiten mich auf die neue Lebensphase einzustellen.« – »Na, dann will ich Sie nicht mehr länger aufhalten, Pensionisten haben's immer eilig. Auf Wiederschauen, Herr Vesely!« – »Auf Wiedersehen, Frau Mayer!«

»Grüß Sie, Herr Oberstudienrat!« – »Grüß Gott, Herr Müller. Oberstudienrat gibt's kan! Ich bin seit Neuem ›in Ruhe‹.« – »A Pensionist! Willkommen im Club.« – »Als Beamter bin ich nicht einmal Pensionist. Ich wurde in den Ruhestand versetzt. Jetzt habe ich meine Ruhe und, ehrlich gesagt, die genieße ich.« – »San S' ordentlich eingesetzt mit Ihre Enkerln?« – »Von Eingesetzt-Sein kann gar keine Rede sein. Ich freue mich jedes Mal, wenn sie uns besuchen.« – »A Wahnsinn, die Gschrappen, die halten Sie sicher auf Trab. Sie san sicher froh, wann Sie's wieder los san.« – »Nein, wirklich nicht. Ich bin froh, dass sie so nahe wohnen und dass wir sie oft sehen dürfen. Heute werde ich noch mit einer Enkelin Turnen gehen.« – »Ja, der Pensionsstress! Dann will ich Sie nicht länger aufhalten. Leben Sie wohl, Herr Oberstudienrat!«

»Servas Manfred!« – »Servas Bertl!« – »Allerweil im Stress, gö?« – »Na wos!« – »Reißt's di um in der Pensi?« – »Des kannst annehmen!« – »Na, dann stör ich net länger. Servas!« – »Servas!«

Dank

Dieses Buch wäre nicht erschienen ohne das Drängen vieler ehemaliger SchülerInnen, die die Anekdoten aus ihrer Schulzeit in Buchform lesen wollten. Ich danke ihnen dafür.

Ich danke auch meinem Sohn Klemens, der die technische Seite der Veröffentlichung übernommen hat.

Meinen Kolleginnen Mag. Dagmar Höfferer–Brunthaler und Mag. Gerlinde Rennison danke ich für ihre Tätigkeit als Lektorinnen und nicht zuletzt geht mein herzlicher Dank an

Raphael Strasser, der, obwohl er gerade in der Schlussphase seines Studiums war, den Buchumschlag gestaltet hat.